本书系2013年度教育部人文社会科学研究规划基金项目
"幼儿园养成教育研究"（项目批准号：13YJA880085）成果

幼儿园
优秀社会活动设计65例

伍香平◎主编

中国轻工业出版社

图书在版编目(CIP)数据

幼儿园优秀社会活动设计65例/伍香平主编. —
北京：中国轻工业出版社，2013.12（2023.11重印）
ISBN 978-7-5019-9439-7

Ⅰ.①幼… Ⅱ.①伍… Ⅲ.①社会科学课－教案
（教育）－学前教育 Ⅳ.①G613.3

中国版本图书馆CIP数据核字（2013）第204331号

责任编辑：吴 红
策划编辑：高 君　　　　　责任终审：杜文勇
责任校对：刘志颖　　　　　责任监印：吴维斌

出版发行：中国轻工业出版社（北京东长安街6号，邮编：100740）
印　　刷：三河市鑫金马印装有限公司
经　　销：各地新华书店
版　　次：2023年11月第1版第10次印刷
开　　本：710×1000　1/16　印张：12.25
字　　数：102千字
印　　数：24001—26000
书　　号：ISBN 978-7-5019-9439-7　定价：25.00元

读者热线：010-65181109，65262933
发行电话：010-85119832　传真：010-85113293
网　　址：http://www.chlip.com.cn　http://www.wqedu.com
电子信箱：1012305542@qq.com
如发现图书残缺请拨打读者热线联系调换
231601Y1C110ZBW

本 书 编 者

主　编：伍香平

副主编：汪宏英

编　委：沈慧芬　汤　芬　周　华　印传芳　陈　亚　詹　英
　　　　李　砾　张锦红　周志宏　黎　苗　郝明英　徐胜军
　　　　陈文红　张　炜　张　颖　刘　敏　黄　丹　伍小萌
　　　　贺　琳　沈秉雯　路玉婷　吴　静　戴　玉　方　媛
　　　　游红霞　席　蓉　王　繁　喻银霞　张彩红　尤　蕊
　　　　王　凌　李福玉　王江涛　田朝霞　刘菊莲　阮明艳
　　　　田　华　李晓虹　曹玉婷　吴　卉　李春兰　谢　芸
　　　　梅松竹　钟灵丽　吴丽芳　艾　焰　王　荣　张　华
　　　　程　威　黄惠敏　向斌兵　孙　琼　陈　红　王　瑛
　　　　刘小雪　肖述玲　林　莉　张海英　吴　蕾　肖　琼
　　　　何登敏　尹　力　杨菊孝　刘　芳　刘丽君　佘朝霞
　　　　潘　蕾　曹　军　岳颖换　吴　茜　罗　华　李耀娟
　　　　谈　洁　吴　琳　梅乔妮　程晓丽　方艳芬　王　敏
　　　　吴锦华　张　静　苏　彬　陈刘芳

（人名按照正文中出现的先后顺序呈现）

前　言

2012年教育部颁布的《3—6岁儿童学习与发展指南》，进一步指明了幼儿园教育活动的目标和实施方向，其中对幼儿社会领域的发展目标概括得更明确，对传统的幼儿园社会教育活动价值进行了提炼，大致划分为人际交往和社会适应两大核心价值，同时指明了儿童社会性发展的教育途径和生活途径。

本书从幼儿园社会教育活动的价值入手，结合我国幼儿园社会教育发展现状，以促进幼儿教师对社会教育活动理论的认识、提升教师开展社会教育活动的实践能力为目的，在概述了幼儿园社会教育活动的价值、目标、原则和实施要求等内容后，精选了适合3—6岁幼儿开展的优秀活动案例，并有针对性地对这些案例进行了评析。所选优秀活动案例均经过实践检验，具有可推广性。

当然，在本书的编写过程中，由于资料收集能力或写作水平原因，可能存在这样或那样的不足，敬请大家批评指正。

伍香平
2013年5月

目 录

导言　幼儿园社会教育活动设计理念 1

小班 13

1. 好朋友 14
2. 端午节 17
3. 大家一起吃 19
4. 小帮手 22
5. 小娃娃跌倒了 25
6. 爸爸爱我，我爱爸爸 29
7. 我爱抱抱 32
8. 超级妈妈 35
9. 小刺猬找朋友 38
10. 大家一起看 40
11. 区域规则我遵守 43

中班 47

12. 我上中班了 48
13. 我长大了 51
14. 国旗飘飘 53
15. 好朋友握握手 56
16. 古城墙的秘密 58

17. 阳光医院	61
18. 认识标志	63
19. 文明小乘客	65
20. 我的好爸爸	68
21. 快快回答	71
22. 过马路	74
23. 有趣的生日会	77
24. 合作力量大	79
25. 身边的规则	81
26. 手势语	83
27. 值日生学分工	86
28. 感恩的心	88
29. 我爱清清水	90
30. 我是社区一分子	93
31. 绿化小卫士	95

大班 ········· 97

32. 找朋友	98
33. 闯关大比拼	101
34. 好玩的木头人	103
35. 合作垒高	107
36. 蚂蚁搬豆	109
37. 家乡的特产	111
38. 无烟城市	113
39. 表情畅想曲	115
40. 好玩的"连接"	118
41. 你快乐，我快乐	121
42. 我们一起来节约	123

43. 一封信 ································ 126
44. 家乡幼儿讲变化 ······················ 129
45. 地球招聘清洁工 ······················ 131
46. 我是小记者 ··························· 134
47. 走进消防队 ··························· 137
48. 我爱中国茶 ··························· 139
49. 中国武术 ······························ 142
50. 中国鼓 ································· 144
51. 安全上下楼 ··························· 146
52. 虎口脱险 ······························ 149
53. 找长处 ································· 153
54. 大手拉小手 ··························· 156
55. 小小情绪观察员 ······················ 159
56. 我们这样过"六一" ··················· 162
57. 我爱爷爷奶奶 ························ 164
58. 中国"年"的故事 ······················ 166
59. 过个"牛王节" ·························· 169
60. 绿丝带，心连心 ······················ 171
61. 我的名片 ······························ 173
62. 我们的远足计划 ······················ 175
63. 我们去郊游 ··························· 177
64. 遵守规则的小天使 ··················· 180
65. 多出来的小朋友 ······················ 182

导言　幼儿园社会教育活动设计理念

社会化是个体学习与发展的基本过程，也是幼儿不断地由自然人向社会人转化，并逐渐成长为一个合格的社会成员的过程。幼儿园社会教育活动的价值就在于提供支持性的环境和条件，促进幼儿学习并内化社会行为规范，不断地发展幼儿适应生活的能力。

一、幼儿园社会教育活动的价值

《3—6岁儿童学习与发展指南》（以下简称《指南》）指出："幼儿社会领域的学习与发展过程是其社会性不断完善并奠定健全人格基础的过程。"在这个过程中，幼儿需要掌握适宜于社会生活的基本知识和技能，能够运用恰当的语言与行为动作进行人际交往和沟通，在社会情境中了解社会规范和价值标准，并以此指导和形成自己的社会行为。因此，社会教育活动就是有目的、有计划、有组织地指导幼儿逐步适应社会、参与社会和投入社会生活的过程，是促进幼儿快速、有序地实现社会化、获得社会性发展的过程。

幼儿的社会性发展是以幼儿的生物因素为基础的。先天的遗传差异不仅表现在幼儿的身体素质和体态方面，还内隐于幼儿社会性发展的水平和速度，正如不同气质类型的幼儿其社会性表现存在差异，这与遗传的神经性活动类型特点直接相关。脑的发育也影响幼儿的社会性发展，随着生理性成熟和脑发育的逐步完善，思维水平逐步由具体形象思维转化为初步的抽象思维，幼儿逐步理解和接受抽象的社会行为规范。

幼儿社会性发展以环境因素为条件。先天的生物因素为幼儿的社会性发展提供了可能，而后天的社会环境则直接影响幼儿社会性发展的方向和水平。广义上的社会环境包括政治、经济、文化、科技、法制等，狭义

的社会环境主要是指生活环境。幼儿的生活环境主要包括家庭环境、社区环境和幼儿园教育环境。其中，社区环境（或扩大到地域环境）对幼儿有潜在的影响，主要是一种群体性的影响。所谓"一方水土养一方人"，就是说由地域差异而形成不同的地域习惯和文化。而家庭环境则是影响幼儿社会性发展的环境因素中最为重要的部分，因为家庭是幼儿最早接触的社会形态，是幼儿生活和成长的最初和最主要的场所，是开启幼儿社会化发展历程的起点，也是直接影响幼儿一生的社会性行为的基础。家庭养育观念、养育方法和亲子情感关系等直接影响幼儿社会化的方向，而直接养护人的文化水平、职业成就、价值观念和生活态度以及由此而形成的家庭文化氛围都对幼儿的社会性发展发挥着或显性或隐性的作用。幼儿园教育环境是促进幼儿社会化发展的重要途径，它既是架起家庭教育与社会生活的桥梁，又不同于家庭环境和广泛的社会环境。它既是对家庭环境的拓展，又是对社会环境的浓缩。无论是园景园貌的自然环境、布置得五彩缤纷的物质环境，还是丰富多彩的游戏活动所彰显的人文环境和精神环境，都能对幼儿的社会性发展产生多方面的影响，能引导幼儿在了解和适应社会生活、关注和处理人际关系、学习和获得社会性认识与行为等方面获得较大的发展。

幼儿园社会领域的教育以促进幼儿的社会化进程与水平为目的。一方面促进幼儿形成自我意识，帮助幼儿建立起对自己的认识和态度，并能进一步对自我的状态与水平进行评判，对自我的行为与表现进行评估和调控，并在成人的引导下不断增强自我调控的能力，延长自我调控保持的时间，以适应社会生活的要求。另一方面，促进幼儿在社会生活中建立起良好的人际关系，形成良好的个性。幼儿的社会性发展主要通过社会交往完成，同伴交往和成人交往是幼儿交往的主要类型，幼儿在交往中对人、对己、对事的态度和处理方法逐步沉淀出幼儿的个性品质和行为风格，影响到幼儿一生的社会适应水平。因此，开展社会领域教育活动是幼儿园教育工作中的重点任务之一。

二、幼儿园社会教育活动的目标

《指南》将社会教育活动目标罗列为七条，且每一条在不同的年龄段上又提出了具体要求。与以往的教育要求相比，既有相同之处，又有根据时代发展需要而特别强调的内容。我们既需要了解这些目标的要求，也应注意社会教育活动目标的独特性。在实施目标时，应注意以下问题：

（一）幼儿园社会教育活动目标理解与分析

一直以来，幼儿园开展教育活动都是以《幼儿园教育指导纲要（试行）》（以下简称《纲要》）中的目标要求为依据的，该文件在"教育目标与内容要求"部分中，强调幼儿园教育既是贯彻国家教育方针政策的要求，也应突出幼儿园教育的独特价值，应全面落实《幼儿园工作规程》提出的保育教育目标，坚持保教结合的原则，对幼儿实施体、智、德、美等方面身心和谐的全面发展教育。根据五大领域的教育内容划分方式，它提出社会领域的教育目标共有五条：

- 能主动地参与各项活动，有自信心。
- 乐意与人交往，学习互助、合作和分享，有同情心。
- 理解并遵守日常生活中基本的社会行为规则。
- 能努力做好力所能及的事，不怕困难，有初步的责任感。
- 爱父母长辈、老师和同伴，爱集体、爱家乡、爱祖国。

由于这些目标表述是幼儿园社会领域教育工作的整体目标和活动方向，因此显得宏观笼统，也没有针对不同的年龄段进行目标分解，在实践工作中需要一线教师按照幼儿发展的水平与需求进行分解，因此教师的专业能力与水平直接影响以上目标落实的成效。

2012年10月教育部正式颁布了《指南》，全面展示了3—6岁儿童学习与发展的基本规律和特点，以期让家长和教师更了解儿童，并在了解的基础上提供有效的支持。该文件也采用五大领域的方式划分出不同的儿童发展目标，在社会领域的目标呈现中，首先明确了幼儿社会领域的学习与发展定位，即是"幼儿社会性不断完善并奠定健全人格基础的过程"，提出幼儿社会学习的主要内容和实现的基本途径是"人际交往"和"社会适应"。相比《纲要》而言，《指南》的目标呈现主要是从儿童的角度来阐述的，在社会领域之下又划分了"人际交往"和"社会适应"两个子领域，然后在每个子领域之下划分出核心目标，再针对每个核心目标展示出不同年龄阶段的典型表现，最后提出教育建议。采用表格形式呈现如下：

社会领域	人际交往	目标1. 愿意与人交往	3—4岁、4—5岁、5—6岁三个年龄段的典型表现
		目标2. 能与同伴友好相处	
		目标3. 有自尊、自信、自主的表现	
		目标4. 关心尊重他人	
	社会适应	目标1. 喜欢并适应群体生活	
		目标2. 遵守基本的行为规范	
		目标3. 具有初步的归属感	

通过对这些目标的分析，可以看出教师在社会领域要着手促进儿童在"交往态度与交往技能"、"对自我与对他人的认知、态度和行为"、"对群体、群体生活及我群关系的感受、态度和行为"等方面获得发展，而这些方面又都是围绕着本领域的核心价值而展开的，这即是《指南》在社会领域开篇中所强调的："逐步引导幼儿学会共同生活，建立和谐的社会（包括人际）关系，形成良好的社会性和个性品质。"①

其中，"人际交往"具有人与人之间交流和沟通的功能，建立起人与人之间的关系，增进人与人之间的了解，这对于3—6岁的儿童来说是具有特殊性的。幼儿在交往中既可以运用语言进行交流，也可以通过肢体或表情等方式进行沟通，在了解他人想法的同时体会自己的感受，力所能及地解决与同伴之间的矛盾与冲突，并与同伴分享自己的观点。

---

① 李季湄，冯晓霞，主编.《3—6岁儿童学习与发展指南》解读 [M].北京：人民教育出版社，2013.

幼儿是从独立活动逐步走向共同活动的，能进行共同活动是幼儿成长中的一大进步，这都是通过人际交往的沟通、协商、联合和合作等方式实现的，意味着幼儿在这些方面的能力获得了发展。针对人际交往在幼儿成长中的重要性和特殊性，《指南》进行了目标分解，在人际交往的子领域之下，划分出四条针对性强的目标："愿意交往，友好相处，自尊、自信、自主，善待他人"，分别从交往意愿、交往能力、交往品质和交往方法等角度进行了年龄阶段典型表现的呈现。

"社会适应"，指的是"个体在与社会环境相互作用中，通过不断地学习或修正各种行为、生活方式等，逐步接受社会群体的价值观念和行为规范的过程，也是达到适应社会环境和社会生活的过程"。从出生起，幼儿就处于社会环境之中，是社会群体的一部分，受到社会组织、文化和社会行为的影响，并积极地选择接受这些影响，逐步适应社会。因此，适应不同的社会群体或组织的过程是儿童社会化的重要途径，儿童已在适应的过程中建立起社会意识和社会生活能力，能根据社会情境的变化和群体的不同来调控自己的行为，"以不断增强的自主性、判断力和个人责任感"，积极主动地适应环境。

社会适应过程中形成的归属感是儿童成长的精神需要，对群体生活感受得越深，则形成的归属感越强烈。幼儿最初接触的是家庭，父母对幼儿的呵护和关爱让幼儿对家庭产生依恋性的归属感，感受到爱的需要的满足，而幼儿园如果能提供给幼儿以安全、关爱、尊重、支持和鼓励的环境，也会激发幼儿积极的归属感。家庭和幼儿园是幼儿生活的主要场所，幼儿可以直接体验、感受并形成直观的归属感，而对于离幼儿日常生活稍远的家乡或祖国的认识，则主往是通过幼儿身边的成人观点的影响。因此，为幼儿营造积极的支持性的环境能更好地促进幼儿获得社会适应能力，提升其社会适应的水平。

（二）幼儿园社会领域教育目标落实中应注意的问题

《纲要》和《指南》都是当前我国幼儿园教育工作具体实践的重要指导性文件，也是设计与组织实施各类教育活动的重要依据。教师在实践工作中应就教育目的的落实注意以下三个问题：

1. 应树立目标意识

这是指教师在设计实施教育活动时，首先要有明确的目标意识，以目标的内在要求作为设计活动首先要考虑的要素，以目标的达成与否作为活动效果的主要判断依据。尤其是当前幼儿园教育处于改革变化的时期，由于课程活动由原来单一的分科教育走向综合性、主题性的教育活动，越来越强调领域间的融合，这是幼儿园课程改革的方向和发展趋势，但在实际工作中很容易模糊教育目标所在，有的综合性活动或因为目标太多而失效，或因为目标不明确而成为大拼盘。教师在组织活动前先明确活动的目标，并依此来提供支撑性的教育环境，才能做到有目的、有计划地组织实施教育活动，实现教育活动的成效。

另外，教师的目标意识还体现在应时时处处彰显出目标。由于一直以来幼儿园的活动都有主次之分，教师们往往习惯于以集体教学活动为最重要的活动，对其他活动有所忽视或轻视，这对于社会领域教育活动来讲是误区。因为幼儿的"人际交往"能力和"社会适应"水平都不可能是单一的、割裂的、仅限于狭小的时空中完成的，必然要与日常生活紧密结合，因此教师不仅要有开展集体教学活动的目标意识，还应有一日活动是实现目标的重要途径的意识。在幼儿园一日生活的各个环节中，教师都要能有目的、有意识地创设教育环境，捕捉教育时机，促进幼儿社会性的发展。

2. 应分解目标层次

对目标进行分解是为了提升活动实施的成效，针对《纲要》中的领域目标，教师应分别进行年龄阶段和幼儿发展水平两个方面的分解。一方面要将3—6岁的大阶段目标划分为学年目标、学期目标、月目标、周目标和每日的具体活动，分解得越具体，操作起来就越便利，也越有利于对活动成效进行评价；另一方面要将目标的分解与目标的落实结合起来，以幼儿身心发展的需求为依据，以选择适宜集体教学活动落实的重点目标和非集体教学活动落实的次重点目标或个性化的目标，还要充分把握目标之间的内在联系，在设计活动时形成目标达成的连续性。在多领域融合的活动中，教师还要顺应幼儿整体性发展的需要，考虑领域间活动目标的一致性。

3.应筛选目标活动

目标是活动的依据,也为活动的设计与实施服务。围绕社会领域的目标,教师应筛选出适宜的活动加以落实。在进行活动筛选和设计时,要建立广义的幼儿学习与发展观,不囿于幼儿园内的教育活动,也不囿于集中教学活动,而是将教育目标的落实贯穿于幼儿园一日生活的各个环节、幼儿园内外的生活之中,将那些能引发幼儿获得经验、获得行为潜能上持久适应变化的活动都作为实施教育目标的载体。比如在《指南》中有大量的教育建议,就是很好的目标达成活动。

在筛选目标活动时,为了增强活动的教育实效性,教师还要考虑活动的趣味性,要创设能激发幼儿进行同伴交往、人际互动的环境,要营造出游戏化的情境,提供让幼儿充分交流的机会,激发幼儿主动投入活动获得积极的情感体验。以幼儿为主体的活动更能实施社会领域的教育目标。

三、幼儿园社会教育活动的原则

社会教育活动具有与生活紧密联系并渗透于其他各领域中的特点,在组织与实施社会教育活动时,我们应把握好以下几个原则,以便自然、生动地开展适宜的社会教育活动。

(一)生活体验与指导点拨相结合的原则

在社会领域的教育活动中,往往教师主导过多,幼儿处于被动接受的地位,这种教育关系如果处理不当,教师对幼儿进行简单的说教,甚至走向极端的灌输,将会消磨幼儿在自我成长中的主动意识和积极性。而在社会领域的学习中,幼儿的生活体验是一种非常重要的学习方式,是幼儿内心真正接受并转化为自我的一部分的途径。

在社会性情感态度的学习中,在幼儿个性品质的形成过程中,生活体验是最为有效的方法,影响幼儿的时间也最为长久,幼儿的自信与自尊更是在生活体验中逐步累积起来的。因此,教师在社会领域教育活动中应积极倡导以幼儿为活动的主体,多提供促进幼儿进行生活体验的教育环境,

多组织开展实践性强的社会活动,带领幼儿多开展一些参观活动,亲身感受社会生活状态、亲身体验社会职业的特点、亲身感受社会中人际的交往。同时,教师也应考虑幼儿的年龄水平进行指导点拨,对水平差异明显的幼儿提供不同的支持性要求和环境,将教师有必要的"教"与幼儿主动积极的"学"结合起来,实现幼儿的差异性发展。

(二)专门教育与生活渗透相结合的原则

幼儿的社会性发展绝不能简单地停留在对社会性常识的认知,幼儿更应获得良好的社会性和个性品质的发展,因此开展社会领域教育活动应建立起融合的观念,改变只重视集体教学活动、忽视一日活动各个环节教育性的现状。教师既要将对于全体幼儿来说比较重要且难于自我学习的内容精选出来,设计实施活动方案,更要关注一日生活中的非集体教学活动环节,在如厕、饮水、睡眠、游戏与运动等活动中渗透幼儿的人际交往与社会适应的诸多教育目标。

这条原则还表明,教师还应该将社会领域的目标渗透到其他领域的教育活动中。比如,在音乐活动中进行积极的情绪表达,在体育活动中进行良好的同伴互动,在语言活动中获得自信,在科学活动中形成不怕困难、勇敢探索的个性品质,等等。幼儿园教育工作只有坚持专门的教育与渗透性相结合的原则,才能体现出幼儿社会领域学习的渐进性和累积性的特点,才能真正有效地促进幼儿获得良好的社会性发展,形成良好的个性品质。

(三)正面教育与真诚教育相结合的原则

正面教育就是用赞赏的、肯定性的方式引导幼儿知道社会生活中的规则与要求,采用积极的方式对幼儿提出合理的要求,避免强制性的、武断性的苛责;所提出的要求应该符合幼儿的理解水平、行为能力和发展需要;应充分考虑幼儿社会性经验不足、心理与认知水平不高、自我调控能力差的特点,做好细心引导与正面指导的工作。

就幼儿园教育工作的实际情况来看,正面教育还应与真诚教育结合起来。我国传统的品德教育主张的是以集体的利益或他人的利益为重,而这对于正处在"自我为中心"阶段的幼儿来讲是非常难的,因此正面教育如果处理不当也易带来不良结果。比如在鼓励幼儿进行分享的活动中，可能有的幼儿并没有感受到分享的快乐，反而受分享所累，或者为了实现教师要求的分享而失去了自己的权利。又如有的幼儿为了得到教师的表扬和肯定而撒谎，如果教师只是一味地进行正面教育，就有可能忽视了幼儿行为背后的真实情况。所以，在社会领域教育中，教师应主要以正面教育为主，但也应把握好正面鼓励的度，避免幼儿产生投机心理、说谎行为和虚伪人格，要坚持将正面教育与真诚教育结合起来，还原事实的真相，让幼儿获得真诚的正面教育。

（四）一致性与一贯性相结合的原则

幼儿的社会性学习具有综合性的特点，是逐步形成的，因此教师在教育工作中应该从培养目标的角度坚持一致性，以相同的要求与标准贯穿于幼儿在园生活的各个环节，以不同的活动内容为落实目标的载体，以满足幼儿社会性与个性稳定发展的需求。教师还应坚持在培养的时间进程中做到一贯性。教育作为培养人的活动是随着人的成长进程而不断展开的，社会领域的教育尤其如此。比如在礼貌礼仪方面，小班幼儿会说简单的礼貌词语并进行礼貌的交往活动，到了大班阶段，同样需要进行礼貌礼仪的教育，只是目标要求更高一些。

不仅在幼儿园的教育与生活中，不同的教师（包括保育员、其他员工）要保持一致性，同一教师在教育活动组织实施上也要确保教育的连续性、递进性。教师还应做好家庭教育指导工作，引导家长积极配合幼儿园的教育工作，引导幼儿逐步做到在家与在园表现一个样，同时，也要指导幼儿的家庭成员之间建立起一致性的观点与立场，明确幼儿社会性发展的目标，积极尝试养成式的教育方法，促进幼儿在家庭生活中也能够获得连续的、积极的支持。

四、幼儿园社会教育活动设计与组织

教师是幼儿园课程的设计者与实施者。教师在设计幼儿园社会教育活动之前，需要将《纲要》与《指南》中的教育要求熟记于心，并依据这些纲领性文件的目标要求，结合本班幼儿的年龄水平与发展需求，挑选出重要且相对有难度的目标，再依据目标来选择恰当的活动内容，设计活动方案，做好活动实施的各项准备工作。就活动方案的设计来讲，主要包括活动名称、设计意图、活动目标、活动准备、活动过程、活动延伸等主要部分。根据活动的实际需要，还可以略有变化。

（一）活动名称

活动名称是对具体活动内容的简洁概括。活动名称的表述要简洁、概括性强，能突出活动内容和教育主张，还应具有童趣，贴近幼儿的生活，具有时代气息，从幼儿可接受的角度进行表述，如"大手牵小手"、"我真棒"。

（二）设计意图

在活动方案的开篇一般要对本节活动的设计意图进行简要的介绍，主要介绍三方面内容：一是分析本活动主题与幼儿的生活、学习与发展的关系，由此强调本次活动的教育价值；二是明确提出本主题的核心目标与幼儿应掌握的关键经验之间的关系，给教师提供实施活动的思路；三是说明本主题活动的产生来由，是缘自幼儿的兴趣还是教师的工作思考，由此强调教师在开展本主题活动时应注意的主要问题。

（三）活动目标

活动目标既是以《纲要》和《指南》为依据，又是对其的具体化。在进行活动目标设计与表述时，应强调具体明确、操作性强；应从幼儿的角度进行发展目标的阐述；三维目标的取向明确，条理清晰。前文中已经阐述过教育目标及活动目标的筛选与设计要求，在此不再重复。

（四）活动准备

操作性强的活动方案本身就是活动实施的重要准备，而此处的活动准备重在为活动实施提供过程支持，是教师在组织活动之前要准备好的活动场所、教学用具、声像媒体材料等。教师要尽量选用使用经济、获取便利的材料，操作方便且安全。在这些准备的基础上，还应充分考虑幼儿的知识经验水平，做好活动前的铺垫工作。因此，概括来说，活动准备包括物质材料与环境准备、幼儿的知识经验与兴趣需要准备两大方面。其中，幼儿的知识经验与兴趣需要准备尤其重要，许多教师在活动设计中往往忽视了传统教育中所强调的"备课要备学生"的做法，不考虑幼儿的知识经验水平和兴趣需要，使得活动内容与幼儿的知识经验水平脱节，也不符合幼儿的兴趣特点，活动无法调动幼儿的积极性，最终落入"满堂灌输"或"简单说教"的窠臼中，这样的活动设计阐述得再好也难以获得良好的教育效果。因此，教师应在活动设计中充分考虑幼儿的特点，并在活动实施前对幼儿具备的经验水平进行了解，根据需要提前开展一些阅读活动、参观活动或游戏活动，为正式教育活动的实施做好兴趣和经验的准备。

（五）活动过程

活动过程是教师组织实施活动的具体方法呈现，一般包括开始部分、进行部分、结束部分等三块。

1. 开始部分

这是活动的导入，重在引出话题，激发幼儿参与活动的兴趣。教师要想吸引全体幼儿的注意力，让他们围绕教师的思路开展活动，就需要设计好活动开端。好的活动导入需要教师经常变换不同的方法，常用的活动导入有：

（1）问题导入法，即教师提出问题，引起幼儿思考和回答，以此吸引幼儿关注和参加到教师预设的活动中。这个问题应具有开放性和答案多样性的特点，应贴近幼儿的生活且在幼儿的能力范围之内，但又有一定的趣味性或难度，能吸引幼儿的注意。

（2）直观教具展示法，即通过各种直观的教具，引导幼儿观察、观看、欣赏或讨论，以此展开活动，或者通过播放生动有趣的视频引发幼儿的思考与讨论。

（3）故事情境法，即教师讲述一个与活动内容相关的故事，营造出活动所需要的情境，引导幼儿在情境中设身处地地思考故事的核心内容，通过角色扮演或移情思考来进入活动。

（4）猜谜悬疑法，即教师出一个谜语，或者只提供材料的局部（用纸或布遮盖材料的大部分），让幼儿进行探索猜想，以吸引幼儿的注意力，由此开启活动。

2. 进行部分

这是活动实施的主要环节，展示出教师推进活动的具体步骤，各步骤之间应具有连续性、递进性，步骤间的过渡应自然、流畅。活动的进行部分，既要有教师的预设性引导，体现师幼的平等地位；又要把握好指导的度，体现出教师是平等中的"首席"，但不是整个活动的控制者。

3. 结束部分

在活动基本达到预设的活动目标、完成预设的各个步骤时，教师要适时组织幼儿进行活动总结，引导幼儿归纳出自己在活动中的感受、收获和认识，同时教师进行适当的点评，帮助幼儿学习总结经验、提升认知水平、强化积极的社会行为。

（六）活动延伸

活动延伸，是指教师依据单位时间内活动实施的情况和幼儿的兴趣需要，对本次活动的目标与内容进行扩展和提升，以进一步扩大本次活动的教育影响，为下一次教育活动提供基础与建议，也便于对本次活动中幼儿学习到的知识进行复习、巩固和提升；同时，还是对家庭教育的延伸指导，扩大幼儿园教育的影响，使幼儿获得持续的成长支持。

小 班

1. 好朋友

设计教师：沈慧芬　评析专家：汪宏英

幼儿园：湖北省武汉市直属机关育才第二幼儿园

设计意图

当今社会，幼儿多为独生子女，幼儿与同龄伙伴交往的机会大大减少，加之家长过分娇惯与溺爱，造成幼儿以自我为中心，缺乏关心他人、分享和合作意识。随着幼儿踏入幼儿园，社会交往范围逐渐扩大，他们开始渴望与同伴交往，可由于缺少交往经验与能力，常常与同伴发生争抢，甚至产生攻击性行为。为此，我设计了本活动，希望通过活动引导幼儿学会正确地与他人交往的方法，懂得与同伴互爱互助。

活动目标

（1）愿意与同伴交流，体验与同伴友好相处的快乐。

（2）积极参与活动，大胆表现自我。

活动准备

（1）知识经验：课前玩过"碰一碰"的游戏。

（2）环境创设：花丛，小河。

（3）人员安排：请配班教师分别扮演蝴蝶、小青蛙等小动物。

活动过程

1. 玩音乐游戏：碰一碰

带领幼儿玩"碰一碰"的游戏，激发幼儿参与活动的兴趣。

2. 玩情境游戏：找朋友

（1）到花丛里请出蝴蝶做朋友。

①师："刚才我们在和好朋友玩游戏的时候，把一位客人吸引来了，它就藏在花丛里，你们猜猜它是谁？"（"蝴蝶"）

师："你愿意让它也成为你的好朋友吗？那你快大声地把它请出来吧！"（"蝴蝶蝴蝶，我想和你做朋友"）

②玩游戏：找朋友。改编歌曲："找呀找呀找朋友，找到蝴蝶做朋友，学蝴蝶飞呀飞，你是我的好朋友。"

（2）到河边请出青蛙做朋友。

①师："刚才我们和蝴蝶成了好朋友，现在我们又来到了河边，你们猜猜这次会是谁想和我们成为好朋友呢？"（幼儿自由回答）

师："听，这是谁的声音？"（"青蛙"）

师："那你快大声地把它请出来吧！"（"青蛙青蛙，我想和你做朋友"）

②玩游戏：找朋友。改编歌曲："找呀找呀找朋友，找到青蛙做朋友，学青蛙跳呀跳，你是我的好朋友。"

（3）拓展思维。

师："除了蝴蝶和青蛙，还有谁愿意和我们做朋友？"（可引导幼儿适当反复做游戏）

3. 夸夸我的好朋友

（1）师："现在我们的朋友越来越多，让我们来夸夸身边的好朋友吧！谁愿意上来介绍一下自己的好朋友是谁，说说为什么喜欢他。"教师鼓励幼儿大胆表述，夸奖自己的好朋友。

（2）小结：刚才听了你们夸奖自己的好朋友，老师很羡慕呢！他们有的能主动帮助小朋友；有的能自己的事情自己做；还有的上课积极主动，勤思考。我也想和他们做朋友，你们欢迎吗？

4. 游戏：快乐抱抱

（1）带领幼儿念儿歌："我们都是好朋友，你抱我来我抱你，问问朋友有几个，快乐游戏要听清。"

（2）教师边念儿歌边报出数字，幼儿按照数字抱成团。

活动延伸

制作"我的新朋友"主题墙，鼓励幼儿大胆地与同伴交流，找到更多的好朋友。

专家评析

卡耐基说："一个人的成功85%靠的是人际关系，10%靠的是自身努力。"可见，社会交往能力是现代人不可缺少的重要素质之一。由于现在大多数独生子女受到过多关爱，缺乏社会交往的技能与方法，需要教师进行有目的的教育和引导。本次活动的对象是刚刚从家庭步入幼儿园这一社会环境的小班幼儿，他们对于"朋友"这一概念还比较模糊，缺乏主动"交朋友"的意识和方法，针对这些情况，本次活动将"愿意与同伴交流，体验与同伴友好相处的快乐"、"积极参与活动，大胆表现自我"作为活动的重要目标，较好地满足了小班幼儿的这一发展需求；在活动过程中，通过"找朋友"的情境，将幼儿喜爱的游戏形式贯穿始终，最终与现实生活"夸朋友"、"抱朋友"有效融合，为幼儿营造了宽松自由的交朋友氛围，使幼儿体验到了与同伴游戏的乐趣。在活动中，教师还引导幼儿去发现别人的优点和长处，学习友好相处的方法。

幼儿社会交往能力的形成非一日之功，交朋友只是社交的开始。因此，在本次活动结束后，教师可引导家长做好家园共育的配合，请家长带领幼儿主动地参与社区活动，增强幼儿与他人交往、交流的能力。

2. 端午节

设计教师：汤芬　评析专家：汪宏英

幼儿园：湖北省武汉市实验幼儿园

设计意图

端午节是我国的传统节日，但与幼儿的生活经验联系不多，幼儿对它的认识仅仅停留在可以吃粽子上面，对于端午节这个节日的名称、来历和相关的风俗都不了解。因此，根据小班幼儿以具体形象思维为主的年龄特点，我特地设计了本次活动，旨在通过故事、品尝等多种形式，让幼儿在体验中了解端午节的习俗，感受端午节丰富的文化内涵。

活动目标

（1）感受端午节的文化气氛。

（2）知道吃粽子、划龙舟是端午节的传统习俗，了解端午节的来历。

活动准备

（1）知识经验：幼儿吃过各种口味的粽子，见过不同形状的粽子。

（2）物质材料：按幼儿数量准备粽子实物，《赛龙舟》视频。

（3）环境创设：在娃娃家和手工区投放收集到的艾叶及粽子、香包等。

活动过程

1. 说一说：知道端午节快到了

（1）教师出示粽子，启发幼儿回忆与粽子相关的经验。

（2）帮助幼儿了解端午节的节日名称。

2. 看一看，听一听：了解端午节习俗的来历

（1）播放《赛龙舟》视频，了解龙舟与一般船样式和划船方式的不同。

（2）再次播放《赛龙舟》视频，请幼儿模仿划船的动作，感受节日的氛围。

（3）教师讲述故事《端午节的来历》。

3. 尝一尝：粽子真好吃

（1）引导幼儿观察粽子的形状。

（2）引导幼儿说说粽子的味道。

附：故事

端午节的来历

在古时候，有一个楚国人叫屈原，他很能干，也很热爱自己的国家。他帮助楚王治理国家，楚王很信任他。可是，有一些坏人不喜欢他，总是到楚王面前说他的坏话，渐渐地楚王就不相信屈原了，让他到很远很远的地方去，不准他回来。屈原非常担心自己的国家，每天都睡不好觉。当听到楚国被秦国消灭的消息，屈原非常伤心，于是在农历五月初五这天，他来到汨罗江边，跳了下去。人们听说了就划着船去救他，还用竹叶和糯米包成粽子投入江中，让鱼吃饱了不要伤害屈原，可是还是没能救活屈原。后来，人们为了纪念屈原，把每年的农历五月初五叫作端午节，划船救屈原的活动就变成了赛龙舟。此外，还有包粽子活动。

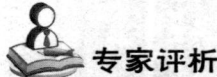

专家评析

中华民族深厚的历史底蕴沉淀出许多内容丰富、寓意深刻的节日文化。然而，由于许多外国节日逐渐进入人们的生活，导致我国的一些传统节日反而逐渐被冷落。作为幼儿教育工作者，我们要弘扬传统文化，让幼儿感受我国传统的民间节日。端午节对于小班幼儿来说相对较难理解，教师能在了解幼儿年龄水平和认知特点的基础上，抓住幼儿爱听故事、爱模仿的特点，将端午节的来历和端午节的风俗，通过听故事、看视频，调动起幼儿参与活动的兴趣和学习愿望，尤其是观看《赛龙舟》的视频，幼儿一下子就被画面及震天的鼓声吸引，跃跃欲试，竞相模仿，活动的效果比较好。

另外，教师在活动前后的处理细致到位。活动前，请幼儿品尝各种口味的粽子，为开展活动做好铺垫；在活动后，通过在娃娃家和手工区投放收集到的艾叶及粽子、香包等，创设适宜的情境，让幼儿在环境中进一步感受端午节的节日气氛。这都与活动中吃粽子、赛龙舟等环节相互呼应，使幼儿在味觉和肢体运动中加深对这个节日的印象。

3. 大家一起吃

设计教师：周华 评析专家：汪宏英

幼儿园：湖北省武汉大学幼儿园二分园

设计意图

幼儿进入幼儿园，生活圈子开始扩大，结识了很多小伙伴，但由于现在的幼儿大都是独生子女，习惯了好玩具一个人玩、好食物自己吃，没有形成与他人分享的意识，因此教育幼儿把自己的食物分给别人吃，并且有礼貌地接受同伴的食物很有必要。我根据本班幼儿的年龄特点，并结合正在开展的主题活动"真好吃"设计了此活动，旨在引导幼儿学会分享，体验分享的快乐。

活动目标

（1）乐意将自己带来的食物分给大家一起吃。

（2）能用语言表达分享的愿望以及分享后的快乐感受。

活动准备

（1）知识经验：幼儿了解一些常见、常吃食物的名称。

（2）物质材料：请每个幼儿从家里带一些喜欢吃的食物到幼儿园，课件《一起吃真快乐》，多媒体电教设备。

（3）环境创设：在教室里布置"幼儿分享区"。

活动过程

1. 回忆已有经验，引出故事

（1）组织幼儿讨论：如果你们有最喜欢吃的东西，你们会怎样做呢？

（2）师："刚刚大家说了这么多，现在让我们听《一起吃真快乐》的故事，看看小兔是怎么说、怎么做的。"

2. 欣赏课件，体验分享食物的快乐

（1）播放课件《一起吃真快乐》，到小兔遇见小羊时停止，请幼儿猜想小兔会对小羊说什么。

（2）继续播放课件，请幼儿想想小兔又会对小猪说什么。

（3）继续播放课件，请幼儿说说小兔最后笑眯眯地说了什么，引导幼儿学说短句："把好吃的东西分给大家吃，我真快乐。"

（4）总结：小兔觉得和好朋友分享喜欢吃的食物是件快乐的事情，你们有好吃的食物时会怎样做呢？

3. 体验分享：大家一起吃

（1）师："我知道小朋友们今天都带来了自己喜欢吃的食物，你们愿意和大家一起分享吗？"

（2）请幼儿在同伴面前介绍自己最喜欢吃的食物名称，并分发给同伴分享。

活动延伸

（1）本园教育活动延伸：在幼儿园一日生活环节中增设"快乐分享时间"，在区域环境创设中增设"分享区"，引导幼儿分享食物、玩具或自己觉得快乐的事情等，不断地丰富幼儿的分享体验与感受，强化幼儿的分享意识与行为。

（2）家庭教育活动延伸：请家长在家为幼儿树立分享的榜样，提供分享的机会，及时引导、鼓励幼儿与家人的分享行为。

 **专家评析**

幼儿园里常常出现这样的场景：两个幼儿为了争夺同一件玩具发生争

吵甚至打斗；有的幼儿宁愿自己拿着玩具不玩，也不愿意把它让给别的小朋友玩。幼儿的这些行为是自我中心意识的外在表现。教师应积极地利用幼儿园的集体活动帮助幼儿学会分享，引导幼儿建立积极的人际关系，形成较好的社会适应能力。

这个活动设计有以下三点值得我们借鉴和学习：

(1) **活动目标明确**。分享是快乐的，小班幼儿分享意识的形成关键在于感受、体验，而良好的体验有利于幼儿形成积极的分享意识。因此，"能用语言表达出分享的愿望以及分享后的快乐感受"、"乐意将自己带来的食物分给大家一起吃"的活动目标明确，符合幼儿的年龄特点，且操作性强，幼儿能够达成。

(2) **活动过程层次分明**。先设置问题的情境，让幼儿去猜测、想象，激发幼儿主动学习的积极性。然后，通过幼儿喜欢的动画片、故事，帮助幼儿找到答案，知道"好东西和朋友一起分享最快乐"。最后，让幼儿将自己带来的食物与同伴分享，亲自体验分享的快乐。

(3) **重难点处理恰当**。激发幼儿的分享行为是本活动的重难点。幼儿是通过观察和模仿来学习的，本节活动通过课件《一起吃真快乐》，引导幼儿进行思考：有好吃的东西时，怎样做才是最正确的。然后，让幼儿比对自己的行为，培养初步的分享意识。接着，鼓励幼儿将自己带买的食物与同伴一起分享，强化了幼儿的分享意识和分享行为。

4. 小帮手

设计教师：印传芳　评析专家：汪宏英

幼儿园：湖北省实验幼儿园

设计意图

喜欢玩是儿童的天性，各种各样的玩具是儿童的好伙伴，儿童通过不断地摆弄玩具获得各方面的发展。《纲要》明确指出："教育幼儿爱护玩具和其他物品，爱护公物和公共环境，理解并遵守日常生活中基本的社会行为规则。"《指南》也对社会领域的要求进行了阐述："爱护玩具和其他物品。"但现实生活中，家长包办代替多，幼儿对于收拾、整理物品没有概念，更没有形成习惯。因此，我特地设计了本节活动，旨在通过有趣的故事，鼓励幼儿收拾整理好各种玩具，让幼儿逐步养成自己收拾玩具的良好习惯。

活动目标

（1）爱护玩具，知道物品用完后应归还原处。

（2）尝试按照标识的提示整理玩具。

（3）在整理玩具的过程中能轻拿轻放，并能将玩具摆放整齐。

活动准备

（1）知识经验：幼儿玩过各种玩具；看过动画片《喜羊羊和灰太狼》。

（2）物质材料：课件；歌曲《左手右手》和《喜羊羊与灰太狼》；三个贴有标识的玩具柜；三类特征不同的玩具若干；美羊羊、喜羊羊、沸羊羊的活动图片各一张。

（3）环境创设：场景"凌乱的羊村"。

活动过程

1. 情境导入，激发兴趣

（1）在音乐《喜羊羊与灰太狼》的伴奏下，带领幼儿进入活动室。

师："欢迎来到羊村做客！"

（2）播放课件，共同欣赏。

①播放课件一:《喜羊羊和灰太狼》的动画片。

师:"请所有小朋友轻轻地找座位坐下来,看看羊村里住着谁呢?"

②课件二:《凌乱的羊村》。

师:"这里怎么了?(幼儿猜测)哦,刚才灰太狼来捣乱了,弄得到处乱糟糟的,玩具也撒得满地都是,羊羊们可伤心了。玩具能不能这样放呢?那应该怎么办呢?"(幼儿回答)

师:"你们说得真好!你们愿不愿意帮帮羊羊们?玩具应该放到哪里呢?玩具如果摆得整整齐齐,羊羊们一定会喜欢的!"

③课件三:羊羊们一起出现,恳请小朋友帮忙。

师:"看!弄乱的玩具都在你们的后面呢!让我们一起来帮助羊羊们收拾整齐吧!"

2. 细心观察,操作体验

(1)引导幼儿将所有的玩具整齐地放到玩具柜里,轻拿轻放。

师:"看看哪位小朋友最会关心玩具,会轻轻地把它们摆放好,这样玩具才不会受伤。"

(2)师幼共同检查玩具是否都按特征送到了羊羊们的家里。

①播放课件四,内容为:村长出来感谢小朋友!接着,喜羊羊、美羊羊、沸羊羊出来找自己喜欢的物品。美羊羊喜欢软软的、毛茸茸的玩具,喜羊羊喜欢汽车,沸羊羊喜欢积木。村长皱着眉头对小朋友们说:"小朋友们,你们可以帮我把玩具分类摆放吗?"

②幼儿观察讨论,说一说这些玩具应该怎样摆放才能让羊羊们都找到自己喜欢的玩具。(分别摆放到贴有不同羊羊图片的玩具柜上)

③幼儿操作调整。

(3)师幼评价。

3. 迁移经验,回归生活

(1)出示凌乱的幼儿班级活动室图片,引导幼儿观察图片、发现问题。

(2)请个别幼儿利用鼠标进行操作,将凌乱的物品摆放好。

活动延伸

(1)本园教育活动延伸:在幼儿园一日活动其他环节中,教师有意识地提醒幼儿进行物品的归类、整理和摆放。

（2）家庭教育活动延伸：鼓励家长和幼儿玩"为物品找家"的亲子游戏。

专家评析

在游戏情境中培养幼儿的良好习惯，让幼儿始终沉浸在游戏的过程中，体验"帮助别人"、"收拾整理"的愉悦情绪是本活动最突出的亮点。在开始部分，幼儿通过扮演小客人进入活动场地，看到了散落在地上的玩具，然后在教师的引导下自发地帮助羊羊们收拾玩具，幼儿一边收拾整理，一边体验着帮助他人的快乐，同时还学习了物品整理的方法。

意大利著名幼儿教育家蒙台梭利说："看到的会知道，听到的会记住，做过了会理解。"幼儿在本次活动中看到了，听到了，更做过了。幼儿在活动中通过观察、比较、操作，完成了活动预设的三个目标，又通过角色游戏活动学会了整理物品的方法，形成整齐摆放物品、物品用后归回原位的意识，达到了活动预期的目的。

建议：在日常生活中，教师要继续坚持引导幼儿按标识或要求进行整理，形成有序摆放的意识和习惯。

5. 小娃娃跌倒了

设计教师：陈亚、詹英　评析专家：汪宏英

幼儿园：湖北省省直机关第一幼儿园

设计意图

《纲要》提出："教育幼儿爱护玩具和其他物品，用完要收拾。"玩具、图书是幼儿的最爱，穿戴用品他们也每天都会用到，但他们用完后往往会乱扔，收拾整理成了一大难题。作为社会教育活动的重要内容，幼儿收拾整理物品可以在教师的指导下有序进行。我设计本次活动的初衷就是希望利用幼儿日常生活中非常熟悉的三类物品，引导小班幼儿学会整理，学会保管和爱护物品，逐步养成收拾整理物品的良好习惯。

活动目标

（1）知道物品用完后要进行收拾整理。

（2）愿意爱护、收拾、整理物品。

（3）能把物品按照玩具、图书和穿戴用品分类摆放。

活动准备

（1）知识经验：幼儿认识各种玩具、图书和穿戴用品，能说出它们的名字和用途；会唱歌曲《小娃娃跌倒了》。

（2）物质材料：巧虎收拾物品的三段视频；录有娃娃哭的音乐；配乐朗诵《收拾整理歌》；不同种类的物品（玩具类、穿戴用品类、图书类）；塑料筐若干；三类物品标记。

（3）环境创设：地上到处是乱丢的物品；用柜子模拟三类物品的"家"。

活动过程

1. 视频导入活动

（1）师幼随音乐《小娃娃跌倒了》进入活动场地。

（2）播放巧虎视频一，发现问题。

2. 收拾整理物品

（1）收拾乱放的物品。

师："我们在幼儿园里都玩过玩具，玩完玩具以后应该怎么做呢？"

播放娃娃的哭声，引出地上乱丢的物品，提问："是谁在哭？它们为什么哭？"请幼儿将地上乱放的物品放到塑料筐内，初步学着收拾物品。

（2）分类摆放物品。

①观看视频二，知道物品应该分类摆放。

提问1："动画片里的图书怎么了？它为什么会哭呢？"（"图书没有找到自己的家"）

提问2："小悟空说了什么呢？"（"物品要分类摆放"）

②认识物品及种类。

教师出示放有图书、手套、帽子、玩具的筐子，提问："筐里有哪些物品？它们属于哪一类？"让幼儿认、拿、说，了解筐中有玩具、穿戴用品和图书三类物品。

③玩游戏：送物品回家。

教师出示三类物品的标记，在幼儿认识了玩具、穿戴用品和图书的家后，请幼儿在配乐朗诵《收拾整理歌》的背景下，对物品进行分类。

（3）参观摆放好的物品。

通过提问巩固幼儿按标记分类摆放物品的意识，比如：这是谁的家？这个家里都是玩具吗？同时，组织幼儿进行纠错。

3. 儿歌结束活动

（1）观看视频三，师幼评价。

师："孩子们，你们今天真能干，都学会了收拾物品的本领。小悟空还有话对我们说呢，我们一起来听一听。"

（2）幼儿念儿歌《收拾整理歌》结束活动。

活动延伸

（1）本园教育活动延伸：投放不同形状、材质、功能的玩具在娃娃家中，鼓励幼儿继续练习按种类收拾整理玩具。

（2）家庭教育活动延伸：家长让幼儿将日常生活中的口杯、毛巾、书包等用品分类收拾整理好，帮助幼儿养成收拾整理物品的习惯。

附：三段视频内容

视频一：巧虎在房间里玩，把玩具、图书扔得到处都是。妈妈叫他出门的时候，他没有收拾好就走，结果一脚踩到皮球上，险些滑倒。正在危急时刻，小悟空出来扶住了他，并说："玩完之后要收拾好才能离开哦。"

视频二：巧虎将地上的物品捡起来，放在书架、玩具箱里。正准备离开的时候，小悟空叫住他："巧虎，看看书架和玩具箱。"只见躺在玩具箱里的图书边哭边说："这里不是我们的家。"巧虎着急地说："这是怎么回事呀？"小悟空笑着对巧虎说："收拾东西的时候要分类，把书本放回书架，把玩具放回玩具箱。"

视频三：巧虎将物品分类收拾好，小悟空高兴地说："小朋友，玩完以后要自己分类收拾好喔。"

附：儿歌

收拾整理歌

图书玩具真有趣　天天和我做游戏；
轻轻拿、轻轻放，玩完以后送回家。
玩具宝宝回家了，图书宝宝回家了，
穿戴用品回家了，收拾整齐顶呱呱。

专家评析

现代社会由于幼儿多为独生子女，因此家长对于幼儿的生活包办代替现象很严重。《纲要》明确指出："要培养幼儿具有基本的生活自理能力。"收拾整理物品是幼儿良好生活自理能力的一种，幼儿需要掌握，这也是本次活动的设计主旨。

本次活动的亮点较多，具体表现如下：

(1) **选材好**。活动内容来源于生活、贴近生活，很适合小班上学期刚入园的幼儿参与。幼儿的常规培养与班级物品归放存在着一定的联系，同样也是教师的一项日常工作。幼儿常规的好坏是确保幼儿安全、发展幼儿自我意识及自我管理能力的关键。常规非一日之功，需长期坚持，从小抓起。

(2) **选用的资源好**。活动选用小班幼儿非常喜欢的动物角色巧虎的视频，投放了充足的操作材料，调动了幼儿参与活动的兴趣，帮助他们获取了最直接的收拾整理、分类的经验。

(3) **活动过程设计得好**。一开始的视频导入活动就吸引了幼儿的注意，让幼儿发现了问题。随后，采用多种感官参与的方式，让幼儿全方位地感知，包括用眼睛观察、用手触摸感知、倾听别人的建议、讨论如何整理物品和收拾摆放各种物品等，从而达到解决问题的目的。活动过程环环相扣，能使幼儿积极主动地参与，有效地利用时间，高效地达成目标。

建议：教师根据幼儿能力的不同提供难度不同的材料让幼儿进行分层操作。

6. 爸爸爱我，我爱爸爸

设计教师：李砾　　评析专家：汪宏英

幼儿园：湖北省华中农业大学幼儿园

设计意图

　　通常在幼儿的眼中，妈妈的爱温暖而细腻，是很容易感受得到的；但爸爸的爱常常是深沉而含蓄的，不那么容易感受得到。有的爸爸甚至不懂得如何正确地表达自己对子女的爱，幼儿也常常会忽略对爸爸的爱。因此我设计了此节活动，目的是加强幼儿和爸爸间的交流互动，增进双方的相互了解，激发幼儿对爸爸的爱与崇拜之情，充分感受爸爸的力量和伟大，从而让亲子关系更加和谐。

活动目标

　　（1）体验和爸爸在一起的愉快感觉，增进与爸爸之间的情感交流。

　　（2）进一步了解爸爸的特征与本领。

　　（3）能用自己的方式表达对爸爸的爱。

活动准备

　　（1）知识经验：让妈妈在家有意识地多引导幼儿和爸爸交流互动；幼儿和爸爸一起朗诵儿歌《我喜欢爸爸》。

　　（2）物质材料：大张白纸、勾线笔。

　　（3）环境创设：爸爸们坐成半圆，用面具将自己的脸遮住；幼儿在活动室外等候。

活动过程

　　1.玩游戏：找爸爸

　　（1）介绍游戏玩法：小朋友进入活动室，观察面具爸爸们的特点。然后，在认为是自己爸爸的人身后站定，确认选择后，请爸爸取下面具核对，准确找到自己爸爸的小朋友就可以在爸爸的身旁坐下来。

　　（2）交流：你是如何找到爸爸的？

（3）小结：原来你们是根据爸爸的发型、服饰等特征找到自己的爸爸的，这说明你们平常对自己的爸爸很关心、很了解！

2. 爱的表达

（1）鼓励幼儿用自己喜欢的方式表达对爸爸的爱。

（2）交流：你是用什么方法表达的？

（3）小结：小朋友们表达爱的方式可真多，有亲亲爸爸的，有拥抱爸爸的，有做颗爱心送给爸爸的……相信爸爸们已经充分地感受到了你们的爱。

（4）鼓励爸爸们用同样的方式表达对孩子的爱。

3. 亲子游戏：我喜欢爸爸

幼儿和爸爸面对面站好，进行亲子互动。

（1）我喜欢爸爸的大手（爸爸伸出大手），我喜欢把小手放在他的手心上（幼儿把小手放在爸爸的手心上）。

（2）我喜欢爸爸举起我（爸爸用手托起幼儿的腰，将其举到头顶上），像小飞机一样飞来飞去（爸爸让幼儿在头顶上自由飞翔）。

（3）我喜欢坐在爸爸的二郎腿上（幼儿坐到爸爸的二郎腿上），就像坐在跷跷板上，"忽悠忽悠"，一上一下（爸爸拉着幼儿的手一上一下）。

（4）我喜欢爬到爸爸的大腿上（爸爸把腿伸直，幼儿爬到腿上），"哧溜哧溜"，就像滑滑梯一样（幼儿从爸爸的腿上滑下去）。

（5）我往爸爸的背上爬，就像爬山一样。骑上他的脖子，就像到了山顶上（幼儿往爸爸身上爬，骑到爸爸的脖子上）。哈哈！最高最高的高个子，现在就是我啦（爸爸站起来，扛着幼儿转圈）！

4. 在长卷布手印画"大手牵小手"中结束本次活动

专家评析

爱是幼儿成长的能量，在爱的环境中长大的幼儿才有能力去爱别人。爱，要表达出来，特别是对于幼儿，要让他们感受到爱。妈妈的爱给幼儿安全感，爸爸的爱让幼儿获得支持，这是教师所要表达和追求的。然而，现实生活中有的爸爸甚至不懂得如何去正确地表达自己对孩子的爱，孩子们也常常忽略对爸爸的爱。为了让幼儿体会到父爱，并用自己的方式表达对爸爸的爱，教师设计了本活动。

整个活动设计非常巧妙、贴心和温馨。"找爸爸"、"爱爸爸"，使爸爸为孩子观察自己如此仔细而折服，为自己在孩子心中的形象如此高大而激动，进而反省自己对幼儿的爱在表达方面的不足……"亲子游戏"环节更是将爸爸从含蓄中解放出来，使爸爸面对着孩子做最直白的爱的表达，此刻幼儿的语言表达和情感表达表现得淋漓尽致，达到整个活动的高潮。这一刻，爸爸体会到爱的表达的重要性，幼儿也体会到了爸爸爱的力量。活动的最后一个环节"大手牵小手"长卷布手印画，使我们仿佛看见在以后的日子里，爸爸和孩子尽情地享受在一起的快乐时光，体会到彼此浓浓的爱意。

小班

7. 我爱抱抱

设计教师：张锦红　　评析专家：汪宏英

幼儿园工：湖北省应城市实验幼儿园

设计意图

小班开学初，因为不适应新的环境，许多幼儿都会哭闹不休。这时，教师通常会把他们抱在怀里。但我发现，有的幼儿乐意让老师抱抱，有的幼儿则会拒绝。为了让幼儿尽快地熟悉老师和小伙伴，拉近老师与幼儿之间、幼儿与幼儿之间的距离，帮助幼儿尽快地融入集体，我设计了此次活动。

活动目标

（1）初步懂得抱一抱是情感表达的一种方式，在抱一抱中感受到温暖。

（2）乐意与认识的人抱一抱，体验抱一抱带来的愉悦感受。

活动准备

（1）知识经验：幼儿熟悉动画片《天线宝宝》。

（2）物质材料：《天线宝宝》第一季光碟；音乐《爱我你就抱抱我》。

活动过程

1. 问题导入

师："宝贝们，我们看看电视里谁来了？"

2. 欣赏动画片，引导幼儿感受什么时候需要抱抱

（1）播放《天线宝宝》开头部分——抱抱。

提问："天线宝宝在做什么？（"抱抱"）你们以前和谁抱过？为什么要抱抱？"

小结：抱一抱是我们表达爱的一种方式，我们开心快乐的时候都喜欢与他人抱抱。

（2）继续欣赏动画片。

提问："谁哭了？（"吸尘器罗罗"）天线宝宝是怎样让它开心起来的？

（"抱抱它"）你哭的时候谁抱过你？心里觉得怎样？"

小结：原来，我们在开心、高兴的时候需要抱一抱，在伤心、难过的时候也需要抱一抱。还有什么时候我们也需要抱抱呢？（"害怕"、"冷"、"想妈妈时"……）抱一抱很温暖，可以让自己快乐，也能给别人带来快乐。

3. 带领幼儿亲身体验抱抱的感受

（1）师："宝宝们，你们喜欢抱抱吗？你们现在最想和谁抱抱？为什么？那现在找一个好朋友抱一抱吧。"

（2）教师观察后找出没有参与抱抱的幼儿，询问："为什么你没有和小朋友抱抱呢？"可以用动画片里的天线宝宝和吸尘器罗罗抱抱后变成好朋友的例子引导他们去和好朋友抱抱。

（3）玩音乐游戏：大家一起来抱抱。

教师和幼儿手牵手形成里外两个相对的圆圈，播放音乐《爱我你就抱抱我》。音乐响起时，一个圆圈顺时针转动，一个圆圈逆时针转动。音乐停止时，大家选择另外一个圆圈上的老师或者小朋友抱抱。游戏反复进行几次。

4. 引导幼儿用语言表达抱抱的感觉

（1）师："刚才我们和好朋友抱了抱，也和老师抱了抱，那么抱抱的感觉是什么样的呢？"（幼儿分别表述自己的感受）

（2）小结：老师抱你们的时候感觉暖暖的、香香的、甜甜的，非常舒服。原来和别人抱抱的感觉是温暖的、舒服的。

活动延伸

（1）本园教育活动延伸：带幼儿到活动室外，鼓励幼儿与遇到的园内工作人员，如保健医生、园长、花匠师傅等抱抱。

（2）家庭教育活动延伸：引导幼儿回家后主动地和家庭成员抱抱。

专家评析

刚入园的幼儿面对陌生的面孔、陌生的环境，会哭、会闹，会拒绝接受教师和小伙伴，以致产生焦虑情绪。为了帮助幼儿顺利地由家庭生活过渡到幼儿园生活，尽快融入集体，让幼儿尽快地熟悉老师和小伙伴是非常必要的。

　　本活动的选题角度很好，而且选择在小班的开学初进行这个活动，能使幼儿在教师和家长的共同配合下尽快地消除分离带来的焦虑感，尽快地适应幼儿园的集体生活。在活动实施过程中，教师选取了幼儿感兴趣的动画片和游戏来进行教学，充分调动了幼儿的视觉、听觉、触觉等多种感官一起参与活动，帮助幼儿全方位地感受、体验抱抱所带来的愉悦情绪和温暖感觉。同时，教师还很注重幼儿的个性差异，比如有"主动参与抱抱的宝宝"，也有"没有主动参与抱抱的宝宝"，对此，教师能针对幼儿的不同表现提出不同的要求，采取不同的方法，这点很值得我们学习和借鉴。

　　抱抱是温暖的，教师的宽容和理解更能带给幼儿温暖，能使幼儿自然地学会表达情感的恰当方式，使情感表达成为一种自然、自发的行为。

8. 超级妈妈

设计教师：周志宏　评析专家：汪宏英

幼儿园：湖北省黄冈市黄州区幼儿园

设计意图

　　幼儿期不仅是幼儿智力发展的敏感期，也是幼儿个性品德孕育的萌芽期。因此，在这个阶段，我们不仅要培养幼儿学习知识的能力，还应对他们的情感和健康人格进行培养。但是由于独生子女在家庭中的特殊地位，使得现在的幼儿普遍没有感恩的心态，因此，加强对幼儿的感恩教育是一件迫在眉睫的事情。妈妈是幼儿最熟悉、最亲密的人，开展这个主题活动可促幼儿体验妈妈的辛苦和爱，让幼儿感受到妈妈的养育之恩。

活动目标

　　（1）了解妈妈的工作和平时所做的事情。

　　（2）体会妈妈的辛苦和对自己的关爱，萌发对妈妈的感激之情。

　　（3）能用完整的语言表述妈妈所做的事情和表达对妈妈的谢意。

活动准备

　　（1）物质材料：请幼儿收集妈妈工作的照片；拍摄一段妈妈照顾幼儿生活的视频；儿歌课件《超级妈妈》。

　　（2）环境创设：在娃娃家投放幼儿用来扮演妈妈和宝宝的相关材料。

活动过程

　　1. 布置"我们能干的妈妈"主题照片展板

　　引导幼儿与教师一起将带来的照片布置成一张有关妈妈的主题展板，幼儿一边布置一边相互交流妈妈的工作。

　　2. 夸妈妈，体会妈妈的辛苦

　　（1）夸妈妈的工作。

　　师："小朋友知道自己的妈妈在哪儿上班吗？妈妈每天上班都做些什么？"幼儿表述："我的妈妈在……上班"，教师肯定幼儿的语言讲述和动

作表现。

（2）夸妈妈工作外所做的事情。

师："妈妈除了上班，还做些什么事情呢？你们知道吗？"教师引导、鼓励幼儿用完整且简短的语言来夸妈妈所做的事情，并用动作辅助表现。（幼儿表述："我的妈妈会做……还会做……"）

3. 欣赏视频《朵朵的妈妈》

（1）师："朵朵也有一个能干的妈妈，我们一起来看看！"（组织幼儿观看视频）

（2）欣赏后，组织幼儿讨论：朵朵的妈妈做了哪些事情？为什么朵朵说她的妈妈是"超级妈妈"？朵朵爱她的妈妈吗？她是怎么做的？我们该怎么做？

4. 播放儿歌课件《超级妈妈》，幼儿学儿歌

幼儿倾听儿歌，记住儿歌的名称，并跟随课件学习儿歌，边学习边用相应的动作表现。

小结：我们每个人都有一个能干的妈妈，她每天上班，非常辛苦，下班之后还要做许多许多的事情，像朵朵的妈妈一样是"超级妈妈"。妈妈爱我们，我们也要爱我们的妈妈。

活动延伸

（1）本园教育活动延伸：鼓励幼儿在娃娃家分别扮演妈妈和宝宝，体会妈妈照顾宝宝的辛苦和不易，激发幼儿对妈妈的感激之情。

（2）家庭教育活动延伸：请幼儿回家对妈妈说一句感激的话、为妈妈做一件事或送妈妈一件礼物，以表达对妈妈的爱。

附：儿歌

超级妈妈

宝宝说："我的妈妈是个超级妈妈！"

为什么呀？

因为妈妈会陪宝宝玩好玩的游戏。

> 妈妈会给宝宝讲好听的故事。
>
> 妈妈会给宝宝做好吃的饭菜。
>
> 妈妈会给宝宝把脏脏的衣服洗干净。
>
> 妈妈会和宝宝一起把房间收拾整洁。
>
> 妈妈每天送完宝宝去幼儿园,还要去辛勤地工作。
>
> 哇!真是一个超级妈妈呀!
>
> 宝宝真高兴,自己有个超级妈妈。

专家评析

本次活动的目标是让幼儿了解妈妈的工作和妈妈在平时生活中所做的事情,从而体会到妈妈的辛苦和对自己的关爱,激发幼儿对妈妈的热爱之情。这是一个感恩教育活动。幼儿对妈妈最为熟悉,与妈妈最为亲密,在平时的生活中,妈妈对幼儿的照顾也最多,非常利于幼儿感受爱。

在活动过程的设计中,教师利用幼儿感兴趣的操作活动——张贴照片,让幼儿边贴边说、自由交流,避免了消极等待,而幼儿的互动交流使他们充分累积了关于妈妈们工作方面的知识,为后面的"夸妈妈"做了铺垫。幼儿在"夸妈妈"的过程中体会到了妈妈的辛苦和对自己的关爱,产生对妈妈的热爱和感激之情。视频和课件的运用对于幼儿来说是爱的激励和爱的引导,整个过程设计非常巧妙,一步一步将幼儿引到最终的目标——让幼儿学会爱的表达。

建议:此活动的拓展部分——区角活动,也可以放在儿歌前开展,儿歌则可以留在下一节活动进行。

9. 小刺猬找朋友

设计教师：黎苗 评析专家：汪宏英
幼儿园：湖北省应城市实验幼儿园

设计意图

目前绝大多数幼儿为独生子女，他们在家庭中的交往对象多为成人，在这种不协调的交往中，幼儿常常表现为以自我为中心、孤僻、不合群，不会也不善于与同伴交往。《纲要》明确指出："要建立良好的同伴关系，让幼儿在集体生活中感受到温暖，心情愉快。"本活动以故事为媒介来培养幼儿的社会交往能力，使幼儿感受到礼貌交往的快乐。

活动目标

（1）理解故事主要内容，有向朋友表达爱的愿望。

（2）学习向朋友表达爱的方式。

（3）体验找到朋友的快乐。

活动准备

角色头饰：小刺猬，小猴子，小兔子；《小刺猬找朋友》的动画课件。

活动过程

1. 师幼谈话，导入活动

（1）师："你有朋友吗？他是谁？你喜欢你的朋友吗？你会用什么方式向他表达你喜欢他？"（幼儿自由讨论、回答）

（2）师："今天，小刺猬想找一位好朋友，它是用什么方式找朋友的呢？"

2. 播放课件，讲述故事

（1）师："小刺猬第一次想找谁做好朋友？小刺猬第二次想找谁做好朋友？找到了吗？"（"没有"）

师："小刺猬为什么没有找到好朋友？"（"小刺猬的刺扎人"）

师："小刺猬最后找到朋友了吗？它的朋友是谁？它开心吗？"（"小刺猬找到刺猬妹妹做好朋友，和好朋友抱一抱，它很开心"）

（2）教师请幼儿学一学小刺猬找刺猬妹妹做好朋友的方式，学说："×××，我喜欢你，抱一抱。"

3. 表演故事，体验小刺猬找到朋友的快乐

请幼儿戴上角色头饰，表演故事，感受拥抱朋友的快乐。

小结：想找到好朋友，就不能把好朋友弄哭，也不能伤害到好朋友；可以和好朋友抱一抱，牵一牵好朋友的手，和好朋友讲一讲悄悄话，和好朋友一起玩玩具。只有与好朋友友好相处，朋友才会越来越多，自己也才会越来越开心、快乐。

4. 师幼表演音乐游戏"找朋友"，结束活动

活动延伸

（1）本司教育活动延伸：鼓励幼儿玩音乐游戏"碰一碰"，提示幼儿用自己喜欢且同伴能接受的方式表演；在日常活动中渗透，使幼儿能正确地表达对好朋友的爱和交往的愿望。

（2）家庭教育活动延伸：建议家长尽可能为幼儿提供与同伴交往的机会，鼓励幼儿大胆地表达交往的愿望和对朋友的爱。

专家评析

良好的同伴关系能让幼儿在集体生活中感受到温暖，保持心情愉快，有利于促进幼儿主动地进行社会交往。但是由于小班幼儿年龄较小，他们不会也不善于采取适宜的方式与同伴正常地交往。

本活动的教师善于选题。找朋友的题材很多，作者选择的《小刺猬找朋友》虽然是一个简单的故事，但是幼儿在听故事的同时明白了交往要采取恰当的方式，否则就会像小刺猬一样，即使你的交往动机是好的，别人也会被你的"刺"扎到，而不愿与你做朋友。

此次活动还有一个亮点就是活动过程简单，通过故事贯穿始终，包括利用课件讲述故事、利用游戏表演故事等，让幼儿投入到故事情节中，亲身体验找到朋友的快乐，积累与同伴交往的经验。活动中教师的小结部分起到了画龙点睛的作用，幼儿有了前期活动中的体验、感受，在教师的点

拨之下就会明白：朋友要用心对待，不能"弄哭"朋友，要用合适的方式表达对朋友的爱，这样"自己的朋友才会越来越多"，自己和朋友也才会"越来越开心、快乐"。最后的音乐游戏对幼儿学习的结果进行了检验，使幼儿交友的快乐体验进一步得到巩固。

整个活动过程清晰、流畅，目标达成度高。教师在今后的活动中应继续创造机会和氛围使幼儿尽情地表达和交流自己的感受和体验，强化幼儿的积极体验，促进幼儿良好行为的内化。

10. 大家一起看

设计教师：郝明英　　评析专家：伍香平

幼儿园：湖北省武汉市青山区第二幼儿园

设计意图

为了从小激发幼儿非文字阅读的兴趣，帮助幼儿形成良好的阅读习惯，我班开设了"我的图书宝宝"这一早期阅读区域，并于每天上、下午坚持开放此区域各半小时。在这个区域的筹备中，我们也利用了宝贵的家庭资源，并通过《家园互动手册》使家长了解了孩子从小形成阅读兴趣及习惯的重要性。一向关注孩子成长的家长们给予了班级大力的支持，利用周末时间亲自带孩子到书店选购适合孩子的图书。

我们发现，形象直观生动、色彩鲜艳夺目的图书深受幼儿的喜爱，连平时异常好动、完全坐不住的几个幼儿也能像模像样地翻看吸引自己的图书。不过几天后我们就发现问题了：大多数幼儿喜欢看自己带来的图书，而且"百看不厌"；有的幼儿看着看着就把书撕坏了；有的幼儿想看别人带来的图书却遭到拒绝，有时甚至还发生"抢书"和"咬人"的现象。的确，现在的幼儿大都是独生子女，特别是我班幼儿都刚入园不久，爱惜物品意识欠缺，独占物品意识强烈，有什么好东西都不愿与他人分享，其实这也是家长们感到束手无策和担忧的问题之一。针对这一现象，本活动以"图书问题"为切入点，帮助幼儿逐步适应集体生活，初步形成与他人分享的

意识。

活动目标

（1）通过互换图书，发现可以用商量、交换、轮流的方式看到更多的图书，初步体验分享图书的快乐。

（2）大胆地在同伴面前说说是怎样换到自己喜欢的图书的，初步了解社会交往方法。

（3）初步懂得应该爱惜"图书宝宝"。

活动准备

（1）知识经验：幼儿有看图书的亲身体验，知道自己所带图书的书名（家长配合使其了解）。

（2）物质材料：宽敞的早期阅览活动区域（内有幼儿从家中带来的图书）；小猴、小兔、小猫等布偶玩具。

活动过程

1. 幼儿自由进入"我的图书宝宝"区域

（1）请幼儿选择自己带来的图书并在桌旁坐下看。

师："这里的图书真多啊，是哪里来的呢？快去拿一本给大家看看吧。"幼儿很快从矮矮的书架上找到自己带来的书，并陆续在长桌旁找位置坐下来。

（2）请幼儿介绍自己的图书宝宝的名字，并将图书展示给大家。（书名的介绍可以激发幼儿想看各种图书的欲望）

2. 布偶表演：爱看书的小猴

（1）教师扮演小猴，手拿一本书唱着歌上场。

小猴："今天妈妈给我买了一本新书《黑猫警长》，我可真喜欢啊。"小猴边说边高兴地看了起来……

（2）激发幼儿想看《黑猫警长》的愿望。

①师："《黑猫警长》可好看了，你们想看吗？可是书是小猴的，我们怎么办呢？"启发幼儿用商量的口吻跟小猴说话。

②师："书给你们了，小猴就没有书看了，怎么办啊？"教师适当引导，使幼儿知道可以交换图书。

（3）教师发现并提出问题："《黑猫警长》只有一本，可小朋友都想看，怎么办？"启发幼儿想办法并逐步引导幼儿知道：大家可以轮流看图书。

3. 幼儿自由交换图书

（1）教师及配班老师操纵小猫、小兔的布偶，与幼儿交换图书，引导幼儿在自由愉快的互换图书的氛围中，主动尝试以友好、商量的口吻与同伴进行交往，并从中体验分享图书的快乐。

（2）以小猴、小猫的口吻提醒宝宝们要爱护图书，轻轻翻看。

4. 组织幼儿讨论、交流

（1）师："你看了什么书？是你自己带来的吗？是和谁换的？你是怎么和他换的呢？"引导幼儿大胆地说一说自己是怎样和别人交换图书的，总结出交换、轮流看书的乐趣。

（2）请几名幼儿上前演示，并对有礼貌的幼儿给予肯定。

（3）教师小结：大家一起看书真快乐啊！

活动延伸

（1）本园教育活动延伸：在日常教育活动中，比如在其他区角活动、喝水、玩具、吃点心时不断渗透，使幼儿感受轮流、商量、分享的快乐。

（2）开展"图书宝宝我帮你"活动，修补受损的图书，使幼儿初步懂得要爱惜自己和别人的图书。

（3）家园共同制作"图书漂流袋"，班级每周开展一次图书漂流活动。

专家评析

社会化是3-6岁儿童学习与发展的中心任务之一，社会化的形成正如《纲要》所言，"往往融合在各种学习活动中，并渗透于幼儿一日生活的各个环节"。因此，教师应利用幼儿在园一日生活中的各种教育契机加以落实。3岁幼儿与他人分享的意识还没有形成，喜欢独占甚至争抢自己喜欢的东西，本节活动以"图书"为切入点，以幼儿喜爱的小动物布偶为媒介，让幼儿直接与小动物商量、交流，避免了教师的枯燥说教。活动过程中，教师引导幼儿学习采用交换的方法来进行图书分享，并在与小动物、同伴交换图书时，感受到了交换、轮流的好处和乐趣，初步形成与别人分享的意识。

建议：在一日生活的其他环节，教师要坚持有意识地引导幼儿采用交换的方法来进行分享。

11. 区域规则我遵守

设计者：徐胜军　评析专家：伍香平

幼儿园：湖北省武汉市青山区第二幼儿园

设计意图

区域活动是幼儿最喜欢的活动之一，它体现了幼儿自主选择、自主游戏的原则。小班幼儿年龄小，没有规则意识，容易在区域活动选择中发生矛盾冲突。因此，在区域活动中，教师有必要让幼儿懂得遵守区域活动的规则；当幼儿与同伴发生矛盾或冲突时，指导幼儿遵守规则。

活动目标

（1）学习按标记提示选择游戏，增强秩序意识。

（2）能听音乐结束游戏，养成良好的规则意识。

活动准备

表示不同进区人数的标记，比如针对"美羊羊工作室"，可以设计4只翘起大拇指的小手；各区域规则提示图片；区域活动结束的音乐；照相机、玩具喜羊羊和小贴纸若干。

活动过程

1. 邀请幼儿到"羊羊乐园"玩

教师出示玩具喜羊羊，邀请幼儿到"羊羊乐园"参加游戏，激发幼儿参与区域活动的兴趣。

2. 观察"羊羊乐园"的布置，发现游戏规则

教师已经提前划分好各个区域，如"羊羊书屋"、"羊羊聪明屋"、"羊羊的家"等。

（1）师："你们知道这些标记是用来干什么的吗？"引导幼儿了解标记的作用——规定每个活动区的参加人数。

（2）师："你们说说自己想到哪个区域活动？这些区域图片是用来干什么的？讲了哪些规则？"引导幼儿通过区域规则图片了解区域活动方法。

（3）播放音乐，告诉幼儿区域活动结束时会播放这段音乐，这时小朋友就要收拾玩具了。

（4）教师小结：原来我们要到"羊羊乐园"去玩，就要遵守"羊羊乐园"的规则呀！

3.幼儿自选区域游戏，教师进行指导

（1）教师详细讲解各区域活动的规则和方法，请幼儿自由选择区域活动。

（2）教师以"羊羊村"村长的身份参与游戏，指导幼儿参与各个区的游戏，在发现问题时，可以适时介入；也可以用照相机记录幼儿的游戏情况，在活动评价环节再引导幼儿一起观看、分析。

（3）播放结束音乐，区域活动结束。

4.活动评价

（1）播放用照相机拍摄的照片，引导幼儿说说哪些做法是对的、哪些做法是不对的。

（2）教师小结幼儿行为的对与错，并利用小粘贴奖励正确的行为，帮助幼儿建立良好的规则意识。

专家评析

一直以来，我们都强调幼儿园教育要"以游戏为基本活动"，但在实际工作中，往往难以有效地落实，这是因为教师缺乏必要的游戏活动方法和组织经验，因此不敢或不会开展区域游戏活动。本次活动方案为大家提供了方法与思路，借鉴性较强。

（1）明确的规则是开展区域活动的有力保障。本方案力求做到：第一，创设有趣的区域活动环境，设置幼儿能理解的标记图，如以"羊羊书屋"、

"羊羊的家"、"羊羊聪明屋"等来命名的标记图,这样幼儿既喜欢又理解其所指的区域内容,就能自主地进行选择。第二,通过标记明确区域活动的规则,控制好区域所能容纳的人数。比如教师在"羊羊书屋"门口,用黄色即时贴贴上两对小脚印,让幼儿一看就明白该区域可以进去两个人,这样不仅使幼儿体验到自主选择的快乐,而且也确保了各区域活动的有序开展。

(2) 运用恰当的角色适时介入是教师组织好区域活动的关键。本次活动,教师是以游戏角色的身份参与到游戏中的,通过扮演"羊羊村"村长的示范让幼儿进行模仿,或者以村长的角色对个别幼儿提出建议,以幼儿同伴的角色在活动中起到指导的作用。教师还积极做好评价者的角色,对于遵守规则且行为表现好的幼儿及时给予表扬,奖励小粘贴;对于表现不好的幼儿给予示范或提醒,让幼儿形成或巩固规则意识。

整个设计还有一个亮点——区域活动的开始与结束的安排,有利于幼儿形成良好的游戏常规,养成自主自律的习惯,保证活动区的正常秩序,比如听到音乐知道游戏结束,并将物品放归原处等。

小班

中班

12. 我上中班了

设计教师：陈文红　评析专家：汪宏英

幼儿园：湖北省应城市商业幼儿园

设计意图

中班幼儿应该具备一些自理能力，但我们班还是有部分小朋友在家吃饭、穿衣都要依赖父母。根据《指南》要求，我们应该教给中班幼儿生活自理的基本方法，鼓励他们做力所能及的事情，不论幼儿做得好坏都要给予适当的肯定，不因幼儿做不好或做得慢而包办代替，以免剥夺他们发展自理能力的机会。因此，我设计了本次活动。

活动目标

（1）具有初步的自我服务意识。

（2）学会自己的事情自己做。

（3）在生活实践中感受到成长的快乐。

活动准备

（1）知识经验：幼儿会朗诵《别说我小》的儿歌。

（2）物质材料：卡通娃娃——豆豆，小床，椅子，录音机（用于播放起床的音乐），豆豆婴儿时期和现在的照片。

（3）环境创设：中班午睡室。

活动过程

1. 照片导入

（1）观察豆豆婴儿时期的照片，让幼儿了解人在婴儿时期是不会走路的，需要爸爸妈妈的帮助。

（2）观察豆豆现在的照片，让幼儿了解现在的豆豆上中班了，会自己走、自己跑。

2. 创设午睡场景，让幼儿模仿

教师："这是什么地方？"（"午睡室"）

教师:"谁来扮演豆豆?"(请多名幼儿扮演)

教师:"豆豆正在干什么?"("自己解钮扣""脱衣服""脱鞋子")

教师:"衣服脱下怎样放?鞋子脱下怎么放?"(引导幼儿说衣服脱下叠起来放在椅子上,鞋子脱在床边地上)

教师:"豆豆午睡有没有讲话或者睁着眼睛?"("没有,豆豆闭着眼睛安静地午睡")

起床音乐响起时,教师提问:"谁给豆豆穿衣、穿鞋?"("豆豆自己穿衣、穿鞋")

小结:豆豆上中班了,长大了,他能自己穿鞋子、穿衣服,豆豆真能干。

3. 鼓励幼儿自己的事情自己做

(1)教师和卡通娃娃豆豆对话:"你在幼儿园自己的事自己做,在家是不是也是自己的事自己做呀?"

卡通娃娃回答:"我在家也是自己的事自己做。小朋友们,你们也要像我一样,自己的事自己做,做个爱劳动的乖宝宝。"

(2)组织幼儿讨论:说说上中班了自己应该怎样做。

4. 朗诵儿歌,做游戏

(1)和幼儿一起朗诵《别说我小》的儿歌,教育幼儿自己的事情自己做。

(2)玩游戏"穿衣接力赛"。

别说我小

妈妈你别说我小,我会穿衣和洗脚;

爸爸你别说我小,我会擦桌拖地扫;

奶奶你别说我小,我会给花把水浇;

现在我呀长大了,会做的事情真不少。

活动延伸

(1)本园教育活动延伸:鼓励幼儿帮助小班的弟弟妹妹扣纽扣、穿鞋子。

(2)家庭教育活动延伸:请幼儿和家长分享自己穿衣、扣纽扣成功的喜悦之情。

 **专家评析**

　　《指南》明确指出:"幼儿在活动过程中表现出的积极态度和良好行为倾向是终身学习与发展所必需的宝贵品质。"我们身边的一些幼儿由于长辈的溺爱,失去了很多锻炼的机会,比如自己吃饭穿衣、整理房间等。本次活动目标明确,旨在让幼儿通过自己的劳动感受成长的快乐,增强幼儿的自我认同感。

　　卡通娃娃豆豆是个活泼可爱的形象,它的出现让幼儿产生亲切感,活动通过豆豆一系列的表现,激发幼儿向豆豆学习的热情;让孩子们知道自己上中班了,长大了,应该学会自己的事情自己做,并以服务自己、帮助他人为乐,感受成长的快乐。

　　本次活动还有一大亮点,即教师引导幼儿不仅在幼儿园自己的事情要自己做,在家里也要自己的事情自己做。如果教育者能够及时将这些信息传递给家长,让幼儿在家里同样得到锻炼的机会,相信活动后孩子们会有很大的进步。

13. 我长大了

设计教师：张炜　评析专家：汪宏英

幼儿园：湖北省武汉市直属机关育才第二幼儿园

设计意图

中班幼儿已经有一定的自我服务能力，但我经过观察和调查发现，有些幼儿在家吃饭、穿衣仍过于依赖父母，家长也是不厌其烦地包办代替。为了提高幼儿的自我服务能力，加强他们的自我服务意识，我设计了"我长大了"这节活动，让幼儿从对比中认识到自己长大了，感悟长大是一个有趣的过程。活动从认识自己的身体着手，到认识自己的能力，帮助幼儿确立"我已经长大了"的概念，进而逐渐建立自己的事情自己做的意识。

活动目标

（1）通过观看儿时的物品及课件，感受自己的变化，体验长大的乐趣与自豪感。

（2）知道自己的成长离不开父母、老师的关心与帮助，学会尊重长辈。

活动准备

幼儿小时候的衣服、鞋、帽，相关课件，幼儿自我服务的相关图片。

活动过程

1. 出示幼儿收集的儿时衣物，引导幼儿观看课件，感受自己的变化

（1）请幼儿欣赏课件，并试穿儿时的衣物，发现自己的身体在长大。

（2）请幼儿介绍自己在哪些方面发生了变化。

2. 引导幼儿进一步意识到自己长大了，本领也越来越大

教师出示图片，并提问：

- 小时候你是什么样的？
- 刚入幼儿园小班时，你是怎么表现的？
- 现在你们已是中班小朋友了，你觉得自己上中班后有什么变化，取得了哪些进步？

教师小结：小朋友在不断地长大，个子长高了，本领也学会了不少，比以前能干多了，各方面都取得了进步。

3. 组织幼儿讨论自己是如何长大的，懂得感恩父母和老师

提问：

- 你们为什么能长高、长胖？
- 谁教会你们穿衣、叠被子、洗手的？
- 在幼儿园，你们学会了哪些本领？是谁教会你们的？
- 你们应该怎样对待养育你们的父母、老师呢？

教师小结：小朋友从小到大，学会了许多本领，也懂事了，这些和老师、父母的关心、帮助是分不开的，因此大家要尊敬、关心父母和老师，做个懂事的好孩子。

4. 游戏：叠衣比赛

活动延伸

开展主题活动"我会做……"，鼓励幼儿帮助家人做力所能力的事情。

专家评析

4—5岁的幼儿已经有了自己的想法，也逐渐开始独立。在成人的鼓励下，他们会做一些力所能及的事情，并且敢于尝试有一定难度的活动和任务。此次活动，正是通过引导幼儿树立起独立意识，增强自信心，感受、体会父母养育自己所付出的辛劳。

本次活动按照幼儿感受对比—教师引导—话题讨论—动手自我服务等环节展开，目标明确、层次清晰。活动中，教师的启发性提问及组织的讨论活动，让幼儿主动参与其中，不仅让他们认识到自己长大了、比原先能干了，还在叠衣比赛中锻炼了他们的动手能力，培养了他们积极向上的态度和精神，让他们油然而生长大的自豪感。

14. 国旗飘飘

设计教师：张颖　评析专家：汪宏英

幼儿园：湖北省武汉市洪山区街道口幼儿园

设计意图

国旗对于幼儿来说并不陌生，他们在生活中经常看见，幼儿园每周也都会升国旗。但幼儿真正知道国旗中各个元素的意义吗？《纲要》指出："教师要扩展幼儿对社会生活环境的认识，激发幼儿爱家乡、爱祖国的情感。"爱祖国的情感可以从认识国旗入手，让国旗深入到每一个幼儿的心中。

《纲要》同样指出社会领域的学习具有潜移默化的特点，尤其是社会态度和社会情感的学习，往往不是教师直接"教"的结果。因此，本次活动，我通过把幼儿在实际生活中积累的经验和活动中获得的有关经验相结合，引导幼儿进行体验式学习，全面了解国旗。

活动目标

（1）认识我国的国旗，初步思考并分析判断国旗的基本特征。

（2）知道国旗的组成元素代表的含义。

（3）有初步的热爱国旗的情感。

活动准备

鲜红色、粉色、黄色、橘色等各种颜色的正方形和长方形的纸，红色的星星和黄色的星星，浆糊，歌曲《国旗多美丽》。

活动过程

1. 谈话引出主题

师："你们都在什么地方见过我们国家的国旗？"

2. 制作国旗，引出疑问

（1）师："你们真的认识我们国家的国旗吗？太棒了！现在就请你们每人选择一张纸来制作国旗。"教师为幼儿提供各种颜色、各种形状的纸，让每个幼儿自己选择一张纸，制作自己心中的国旗。

（2）将幼儿制作的国旗全部挂在黑板上。

师："老师有个疑问，我们的国旗只有一个模样，这里这么多不一样的国旗，到底哪一面才是真正的国旗呢？"

3. 探讨国旗的基本特征

和幼儿一起思考、分析他们制作的国旗，从而认识我国国旗的基本特征。

（1）师："看着五颜六色的国旗，老师有一个问题，我们国旗的旗面是什么颜色的？"请一个幼儿将黑板上颜色不是鲜红色的旗子全部取下。

师："为什么我们国旗的旗面是鲜红色的，而不是其他颜色的？"

引导幼儿分析，国旗和我们身体里流动的血液颜色一样，让幼儿知道我们的国旗颜色代表无数先烈的鲜血，看到国旗就想到了这些流血牺牲的烈士们，因此我们要爱护国旗。

（2）师："这里有些什么形状的旗子？我们的国旗是什么形状的？"请一个小朋友把黑板上形状不是长方形的旗子取下来。

（3）师："这些旗子上的星星个数不一样，到底我们的国旗有几颗星星呢？"引导幼儿了解我国的国旗也叫五星红旗，旗面上有五颗星。

（4）师："那么五颗星星是怎样摆放的呢？"

出示真正的国旗，让幼儿观察五颗星星摆放的位置，进一步探讨我国国旗的基本特征。

4. 幼儿合作制作国旗

（1）请幼儿重新选择纸张制作国旗。

（2）组织幼儿讨论应该如何爱护国旗。

活动延伸

师："我国的国旗里还有许多秘密，比如五颗星星各代表的是什么含义呀，请小朋友和爸爸妈妈一起探讨。此外，还有许多关于国旗的故事，请你们的爸爸妈妈讲给你们听。"

 **专家评析**

爱祖国、爱家乡是幼儿园社会教育的重要组成部分。本次活动中，教

师根据《纲要》的要求，结合幼儿的年龄特点，从情感教育入手，选择适合幼儿学习并能直接产生情感的教育内容，制定了明确、清晰的活动目标。

教师除了精心设计教学活动，还准备了丰富的活动材料。在实施活动的过程中，教师没有采用灌输式的教，而是在活动一开始就让幼儿根据自己对国旗的认识制作国旗，幼儿拿着自己做的国旗，和教师出示的国旗进行比较，慢慢懂得国旗的组成元素以及元素之间的关系，最后在教师的引导下逐步了解国旗的内涵。整个活动充分体现了以幼儿为主体的理念，尊重幼儿的原有经验并不断引导幼儿在对比分析中获得新认识、积累新经验。整个社会领域的活动寓于制作红旗的操作活动中，生动且吸引幼儿的注意力，这是本次活动的亮点。

当然，国旗代表中国，在很多重要场合都要举行升旗仪式，比如奥运会开幕式，运动员比赛夺冠时，学校、幼儿园每周一升国旗，等等。教师可以请幼儿观看这些活动的视频来加深他们对国旗的认识，激发他们热爱祖国的情感。

15. 好朋友握握手

设计教师：刘敏   评析专家：王敏

幼儿园：湖北省襄阳市谷城县城关镇北辰幼儿园

设计意图

中班幼儿已有一定的交往能力，也有与他人交往的愿望。然而，在一日生活的各个环节中，很多幼儿还是会为一丁点儿小事或者为争抢玩具而发生冲突，甚至大打出手，这引起了我的深思。怎样让幼儿掌握正确的交往技能呢？"好朋友握握手"这个活动应运而生。本活动试图通过多媒体课件的展示和游戏环节，引导幼儿初步学习用正确的方法处理朋友间的矛盾。

活动目标

（1）感受有朋友的快乐。

（2）尝试使用语言、动作等提升交往协调能力。

（3）学习用正确的方法处理朋友间的矛盾。

活动准备

（1）知识经验：幼儿熟悉并会表演《拉拉钩》。

（2）物质材料：投影仪，课件《小猴找朋友》，歌曲《找朋友》。

（3）环境创设：表演舞台。

活动过程

1. 玩音乐游戏，激发幼儿的活动兴趣

教师组织幼儿玩音乐游戏《找朋友》。在熟悉的音乐背景下，幼儿可以与教师轻松地游戏，消除交往时的胆怯心理，体验与朋友游戏的快乐。

2. 播放课件，让幼儿了解交朋友的技能

教师结合课件，通过讲述故事《小猴找朋友》，让幼儿知道怎样才能找到好朋友。

（1）讲述后提问："小猴子为什么前三次没有找到朋友？妈妈是怎么对

小猴子说的？第四次小猴子为什么很快找到了朋友？"

（2）组织幼儿讨论："怎样才能找到更多的朋友？"通过讨论，使幼儿获得更多的交友经验，懂得要找到朋友，就得有礼貌、会分享、懂谦让、守规则。

3. 玩游戏"猜朋友"，在合作中增进彼此间的友谊

游戏玩法：一名幼儿上台说出自己的好朋友的特征，比如她是个女孩子，有长长的辫子，会弹钢琴，眼睛大大的。其他幼儿根据描述的特征猜出这个小朋友是谁。

（《猜朋友》这个游戏环节很受幼儿的欢迎。每个幼儿都有好朋友，每个幼儿都有发言的欲望。而且这些幼儿相处快一年了，谁是谁的好朋友，幼儿一般都知道，所以当幼儿上台说出自己的好朋友的特征时，下面的幼儿猜对的几率很高，幼儿之间的互动也非常好。这个环节一方面可以发展幼儿的语言表达能力，另一方面可以激发幼儿拥有好朋友的自豪感，增进彼此间的友谊）

4. 歌表演《拉拉钩》，让幼儿学习朋友间闹矛盾的处理方法

（1）幼儿随音乐进行表演。

（2）启发幼儿讨论：如果你和朋友闹矛盾了，可以用什么方法来解决？

（《拉拉钩》是幼儿比较喜欢的音乐律动，歌词讲述的是幼儿间由生气到和解的过程。幼儿与好朋友共同表演完后，再来讨论怎样解决朋友间的矛盾，就能在轻松的气氛中打开话匣子，进而想出很多的办法。比如：惹朋友生气了赶紧说"对不起"；讲笑话给朋友听；和好朋友握握手和好等）

5. 教师小结，活动自然结束

专家评析

《指南》指出："鼓励幼儿有自己的好朋友，喜欢结交新朋友，有问题愿意向别人请教，有高兴的或有趣的事愿意与大家分享。"本次活动选择的内容符合中班幼儿的年龄特点，源于幼儿的生活。

活动目标的设计全面，涵盖了情感、态度、知识、技能等方面，具有

实践的可行性。活动环节的设计为目标的达成提供了良好的基础，让幼儿在活动中体验到有好朋友的快乐。

活动通过多媒体课件的展示、游戏环节的设计，帮助幼儿获得与同伴交往的技能，引导幼儿初步学习用正确的方法处理朋友间的矛盾，增强了幼儿合作及协调的能力，基本达到了预设目标。

《纲要》明确指出："社会学习具有潜移默化的特点，尤其是社会态度和社会情感的学习，往往不是教师直接'教'的结果。"因此，社会活动的开展不仅仅是一次活动，它应该融入到幼儿平时的生活中去，教师应随机对幼儿进行教育。

16. 古城墙的秘密

设计教师：黄丹、伍小萌　　评析专家：伍香平

幼儿园：湖北省荆州市政府机关幼儿园

设计意图

湖北省荆州市是一座历史悠久的文化名城，城的四周是保存完整的古城墙。春天，桃花开时，幼儿喜欢在城墙边踏青，放风筝；冬天，城墙两旁盛开着许多腊梅花，清香扑鼻。城墙上有城垛、炮台、瓮城、藏兵洞等，这些都是古代战争防御设施。《指南》指出："应运用幼儿喜闻乐见且能够理解的方式，激发幼儿爱家乡的情感，和他们一起收集有关家乡的资料，在观看和欣赏的过程中激发幼儿的自豪感和热爱之情。"荆州的幼儿应该了解荆州的古城墙，也有义务让家人和外来的客人喜爱荆州的古城墙。本次活动运用看、听、讨论、设计等活动形式帮助幼儿去了解古城墙的秘密，激发幼儿爱家乡的情感。

活动目标

（1）知道荆州代表性的景观——古城墙。

（2）了解、喜爱家乡荆州，乐意参加宣传及保护古城墙的活动。

活动准备

（1）知识经验：幼儿有和家长、伙伴一起登上城墙游玩的经历。

（2）物质材料：箭垛、排水孔、藏兵洞、宾阳楼的图片；绘画纸、水彩笔、油画棒、拼搭玩具材料；幼儿在古城墙游玩的照片。

（3）人员准备：家长助教（导游）。

活动过程

1. 展示照片，引导幼儿回忆在古城墙游玩的经历

请几名幼儿展示照片并在小朋友面前讲述。

2. 出示古城墙的图片：箭垛、排水孔、藏兵洞、宾阳楼

（1）提问："这是哪里？叫什么名字？"

（2）讨论：为什么城墙上要修筑这些东西？

（3）教师小结：箭垛和藏兵洞都是古代战争防御设施，排水孔是古城的排水系统，宾阳楼则是城楼的重要迎宾和观望防御情况的地方。

3. 请家长助教（导游）讲述古城墙的秘密

助教："古城墙上还有什么秘密呢？"

幼儿自由讨论、提问。

助教小结：荆州城墙设有瓮城、西楼、战屋、炮台、复城门，防御体系完备，历来易守难攻，有"铁打荆州"之说。

4. 幼儿分组，自由选择材料，表达对古城墙的喜爱

（1）鼓励幼儿用各种建构区材料来拼搭古城墙。

（2）鼓励幼儿设计保护古城墙的标志。

（3）鼓励幼儿绘画《美丽的古城墙》。

活动延伸

（1）鼓励幼儿离园时向其他班级的幼儿家长们发放介绍、保护古城墙的宣传单。

（2）开展"小小护卫工"活动，带领幼儿清洁古城墙周边的环境。

 **专家评析**

　　荆州古城墙作为荆州的代表性景观，是荆州人生活中不可缺少的一道风景，为荆州的幼儿所熟悉。本次活动，教师从幼儿的生活经验出发，充分利用幼儿所熟悉的身边社会资源，使幼儿在感受家乡文化的过程中，产生热爱家乡的情感，选材恰当，具有可借鉴性。各地大都有文化传承的标志性建筑，教师可以利用它们进行这类教育活动。

　　本篇活动方案属于简案，但教师在活动前的准备是比较充分的，第一，教师针对本班幼儿的情况进行了前期活动，如引导家长提前带领幼儿亲身感受古城墙，积累了经验；第二，教师有意识地引导幼儿进行照片的收集，为集体活动做准备；第三，教师充分利用了家长资源，请从事导游工作或对古城墙很了解的家长进班辅助教学，而在此之前教师已经做好了与家长的沟通工作，为正式活动的开展做好了准备；第四，教师收集了大量的古城墙图片和相关材料，供幼儿欣赏，并提供了操作性材料，方便幼儿进行情感的表达。

　　建议：下次活动可专门进行"美丽的古城墙"的活动，重点突出其美丽。

17. 阳光医院

设计教师：贺琳　评析专家：伍香平

幼儿园：湖北省武汉市青山区第二幼儿园

设计意图

医院对于幼儿来说并不陌生，几乎每个幼儿都有去医院看病的经历。于是，我设计了这节中班社会活动——"阳光医院"，用幼儿最喜欢的游戏形式让幼儿进一步积累关于医院的经验，知道看病的基本流程；通过让幼儿自由合作搭建医院进行游戏，使每个幼儿都主动、积极地参与其中，体验合作的快乐，促进幼儿的社会性发展。

活动目标

（1）积极参与"医院"的游戏，体验合作的快乐。

（2）知道看病的基本流程，进一步积累关于医院的经验。

（3）能发现游戏中的问题并尝试解决。

活动准备

（1）知识经验：幼儿有到医院看病的经历。

（2）物质材料："医院"游戏用的材料，如棉球、吊瓶、听诊器、药盒等；医院各科室的图片PPT，统计表。

活动过程

1 教师扮演医院院长，布置任务

师："今天，我们来搭建一个'阳光医院'给病人看病，好吗？"

2 观看PPT，认识医院的常见科室

（1）提问："你们知道医院有哪些常见的科室吗？"

（2）带领幼儿观看PPT，认识医院常见的科室。

师："我们一起来看看医院里常见的科室有哪些，以及这些科室都是干什么的呢。"（"有挂号处、注射室、诊断室、药房等"）

3. 幼儿分工合作搭建医院

（1）组织幼儿讨论：准备搭建哪几个科室？科室里需要投放哪些材料？

（2）幼儿分组合作搭建医院。

4. 分享搭建的过程，知道看病的基本流程

（1）提问："我们的'阳光医院'经过大家的合作已经搭建好了，你们知道怎样在医院看病吗？顺序是怎样的呢？"

（2）幼儿面对搭好的"阳光医院"了解看病的流程。

5. 幼儿玩"医院"游戏，教师进行指导

组织幼儿分角色玩"医院"游戏，教师观察，并适时指导。

6. 引导幼儿提出游戏中存在的问题，并尝试解决

（1）提问："在刚才的看病过程中，你们发现了什么问题没有？"

教师将幼儿提出的问题写到统计表中。

（2）组织幼儿讨论：有哪些办法可以解决这些问题呢？

（3）教师小结，归纳幼儿解决问题的办法，提出下次活动的要求。

活动延伸

（1）帮助幼儿认识其他医疗场所，如社区卫生服务中心、药店等。

（2）帮助幼儿懂得参与"医院"游戏要遵守的规则。

专家评析

《指南》指出："要利用生活机会和角色游戏，帮助幼儿了解与自己关系密切的社会服务机构及其工作，如商场、邮局、医院等，体会这些机构给大家提供的便利和服务，懂得尊重工作人员的劳动，珍惜劳动成果。"本次活动正是采用幼儿喜欢的游戏形式，以"阳光医院"为主题，引导幼儿积累有关医院的经验，了解就诊的基本流程，选题贴近幼儿生活。

在活动设计中，各个环节都考虑了幼儿的学习特点，选用的内容符合幼儿的经验基础，尤其是开放性的游戏场景，激发了幼儿参与活动的兴趣，使他们体验到与同伴合作的快乐。该活动既注重为幼儿积累和提升有关医院的经验，还通过分工合作搭建医院、分角色进行"医院"游戏等鼓励幼儿进行同伴交往，使幼儿积累了交好的社会适应性经验。

建议：因为是模拟场景的游戏活动，为了使环境更直观且与现实生活联系紧密，建议在幼儿进行经验回顾这一环节中提供更丰富的医院工作场景和科室分布的图片，甚至可以由幼儿提供自己就医时门诊场景图片。

18. 认识标志

设计教师：沈秉雯　评析专家：汪宏英
幼儿园：湖北省应城市商业幼儿园

设计意图

幼儿在日常生活中经常能看到各种各样的标志，而且会询问这个标志是什么意思、那个标志代表什么。于是，我设计了此次活动，旨在让幼儿通过找一找、认一认、画一画等方式了解标志的图案及其含义，丰富幼儿的社会经验。

活动目标

（1）认识常用的标志，能用完整、流畅的语言讲述各种标志的含义。

（2）尝试用自己喜欢的方式设计标志。

活动准备

（1）知识经验：在活动前请家长带领幼儿到公共场所寻找各种标志，帮助幼儿积累有关标志的初步经验。

（2）物质材料：常用标志图片，各色彩纸、彩笔；各种标志的卡片，如禁令标志卡片（禁止通行、禁止进入、禁止鸣喇叭、禁止停车等）、警告标志卡片（注意危险、交叉路口标志等）等。

（3）环境创设：在活动区设置一块展板，把幼儿找到的标志粘贴在展板上进行展示。

活动过程

1. 观看展板，导入活动

师："请小朋友看看展板上有什么标志？"将幼儿引到"标志的世界"里。

2. 运用多种感官认识常用标志

让幼儿通过看、摸等与标志零距离接触，认识常用标志，理解各种标志的含义。

师："你认识哪些标志？它们有什么含义？请把自己的发现告诉好朋友。"（教师、幼儿在师生互动、生生互动中形成合作学习机制）

3. 玩标志小游戏，加强对标志的认识

幼儿围成一个圈，在每个幼儿站立的位置上都有一个标志卡片，教师将各种标志的图片放在圆心，让幼儿寻找与自己位置相同的标志，并说出它的作用。

（在游戏中，幼儿对常见标志有了进一步的认识和理解，并保持了浓厚的持续探究的兴趣，学习的主动性、积极性被充分地调动起来）

4. 我是小小标志设计师

（1）师："请小朋友想一想，我们幼儿园什么地方需要挂上标志？你会设计什么样的标志？然后动手制作标志吧。"

（2）幼儿动手制作，教师适时指导。

活动延伸

（1）本园教育活动延伸：让幼儿把画好的标志贴在幼儿园里，并向其他班级的幼儿介绍这些标志的用途。

（2）家庭教育活动延伸：让家长带领幼儿在公共场合认识更多的标志。

专家评析

社会生活中，各种标志随处可见，每种标志都有它独特的含义。本次教学活动不仅让幼儿学认标志，更重要的是让幼儿了解标志在我们生活中的重要意义和作用。

整个活动条理清晰、层层递进，能有效地促进预设目标的达成。首先，通过展板上的标志，把幼儿引入到"标志世界"，让幼儿认识标志，并通过讨论、触摸使幼儿对标志有进一步的理解和认识；其次，通过游戏形式巩固幼儿对标志的认识，把被动的学习变成主动的探究和发现，使活

动丰富而有趣；最后，通过设计标志，使得幼儿积极探索的愿望得以实现。

建议：在活动的开始部分，教师也可以运用录像、生活图片或情境展现的方式展示标志，让幼儿去寻找、发现标志，使幼儿感受到标志与生活的紧密关系，知道标志是我们生活中不可缺少的一部分，同时对幼儿进行相关的安全教育，会使活动内容更充实、丰满和有意义。

19. 文明小乘客

设计教师：路玉婷　评析专家：伍香平

幼儿园：湖北省葛洲坝幼教中心福娃幼儿园

设计意图

幼儿每天都能看见各种汽车，他们爱观察车辆，喜欢把各种汽车玩具拆拆再装装，特别是中班的幼儿已能辨认出一些常见的汽车。但是在日常生活中，乘车以及在车站等车的过程中，很多成人并没有给幼儿树立好榜样，以至于幼儿不知道该如何文明乘车。于是，我就设计了本次活动，意在让幼儿在自己喜欢的情境中学习如何做个文明的小乘客。

活动目标

（1）学习文明乘车的方法。

（2）知道哪些乘车行为是不文明的，并了解其可能造成的危害。

活动准备

（1）物质材料："智慧树"节目中的音乐《公共汽车》，录音《公交座椅的对话》，在白色卡纸上用白色蜡笔画出两张哭的表情图，颜料，刷子。

（2）环境创设：在室内用小椅子模拟公共汽车。

活动过程

1. 情境导入，引起幼儿的兴趣

情境一：小椅子哭了

教师扮演司机，假装要去刷洗公交车的座椅，唱着歌出场："小汽车呀真漂亮，真呀真漂亮……"教师边唱边用蘸满颜料的刷子刷公交车椅背上

的白色卡纸，卡纸上呈现两个哭的表情。教师停止歌唱，做倾听状，对幼儿说："咦，我怎么听见有哭声呢？"这时，配班教师播放录音带中椅子的对话：

椅子一："瞧，我身上多脏呀，都是这些乘客不好好坐在椅子上，脚踢来踢去的，把我的脸都弄脏了。"

椅子二："哎，你别说了，你看看我，一动起来就咯吱咯吱响，都是这些不文明的乘客拉着我摇来摇去的，我都快散架了。"

教师："唉！可怜的座椅，让我来帮助你们吧，一会儿我们就要发车去接乘客了。"教师做修椅子状，修好后开车准备出发。

情境二：乘坐公交车

请大班幼儿扮演乘客，在等车时不排队，推推挤挤地上车。汽车到站了，上来一位乘客，坐到座位上后，用卫生纸擦鼻涕，然后顺手将纸丢在地上，之后又跷起二郎腿摇摇晃晃。接着又上来一位乘客，上车后他就开始在汽车上玩皮球。不久又上来一位乘客，他背着小书包，安静地坐在座位上。（此时车上座位已坐满）最后上来一位抱孩子的乘客，这位乘客只能站在汽车过道上。这时背书包的小乘客将自己的座位让给了抱孩子的乘客。汽车继续向前开，到站后乘客下车。

2. 教师提问，帮助幼儿明确哪些是不文明的乘车行为

问题如下：

- 小椅子为什么会哭呀？人们应该怎么坐椅子呢？
- 刚才上车的那么多乘客中，你喜欢谁？为什么？
- 你还见过哪些不文明的乘车行为？
- 你是怎样乘坐公共汽车的？

教师小结：在乘坐公共汽车时，不排队上车；上车后，在车厢内吃东西、玩耍、用包包占座位、不给身体不好或者年龄大的人让座位、乱丢垃圾、大声喧哗、把头和手伸出窗户外面等都是不文明的做法。特别是在车内玩耍，还会不小心摔伤自己；把头、手伸出窗户外面更是危险，这些都是不对的，我们应该做文明的小乘客。

3. 玩音乐游戏，做文明小乘客

播放"智慧树"栏目中的音乐《公共汽车》。

师："孩子们，上车吧，让我们做文明的小乘客吧！"

带领幼儿跟着音乐边唱歌边做动作，离开活动室。

活动延伸

（1）本园教育活动延伸：如有条件，教师可以和公交车公司联系好，带着幼儿一起乘车，提前为幼儿准备好零钱，帮助幼儿体验如何文明乘车，让他们知道上车要买票。

（2）家庭教育活动延伸：请家长带着幼儿乘坐公共汽车，然后以此为话题，开展有关乘车感受的谈话活动。

专家评析

《指南》明确指出，幼儿社会教育的目标之一就是要"遵守基本的行为规范"，中班的幼儿应"感受规则的意义，并能基本遵守规则"。本次活动的重点是引导幼儿明白文明乘车的方法和意义，比较好地切合了对幼儿进行社会教育的要求。

如何让幼儿做到文明乘车呢？教师简单的说教可以做到，但这种方法效果并不好。因此，本活动设计以情景剧的形式引导幼儿进行直接的感受，在轻松愉悦的氛围中自然懂得有关乘车的规则和要求。此外，教师还通过鼓励幼儿大胆表述，找出情景剧中不正确的做法，帮助幼儿获得对文明乘车的认识。

有两点建议：一是活动名称应既符合幼儿的兴趣特点，也切合活动的主要过程与内容，原设计的活动名称是"乘公共汽车"，没有表现出本节活动的主要目的，因此改为"文明小乘客"，直接切中活动重点；二是教师在进行社会规则类的教育活动时，可以进行反面的警示教育。但就中班幼儿的年龄特点和认知偏好来说，建议更多地采用积极正面的案例，使喜欢模仿的中班幼儿获得丰富的正面体验，从而达到教育的预期目的。

20. 我的好爸爸

设计教师：吴静　评析专家：汪宏英

幼儿园：湖北省省直机关第一幼儿园

设计意图

每年6月份的第三个星期天是父亲节。以往，我们总是庆祝"三八"妇女节、母亲节，唱的歌也总是"世上只有妈妈好"。父亲，被我们遗忘了吗？在现代家庭中，爸爸在幼儿心目中的形象是忙碌的、威严的，幼儿与爸爸接触交流的机会甚少。其实，父亲也有其温柔的一面，父亲也有与子女嬉戏的渴望。同时，他们在幼儿的教育中具有母亲不可替代的优势。针对这一现象，在父亲节来临之际，我设计了此次活动，旨在引导幼儿通过说、玩、做、抱来了解父亲节的意义，激发幼儿对爸爸深深的爱。

活动目标

（1）感受爸爸对自己的爱，体验一起过节的快乐。

（2）了解父亲节的由来及爸爸工作的辛苦。

（3）能大胆地参与活动并制作礼物送给爸爸，表达自己对爸爸深深的爱。

活动准备

（1）知识经验：幼儿陪妈妈一起庆祝过母亲节；了解爸爸的工作。

（2）物质材料：把幼儿与爸爸在一起的照片制作成课件；制作礼物用的彩色卡纸、水彩笔、颜料、剪刀、双面胶。

（3）环境创设：用彩带布置活动室，营造节日的气氛。

活动过程

1. 谈一谈，聊一聊：说说我的爸爸

（1）引导幼儿观看PPT，当放到自己的照片时，请幼儿站起来向大家介绍照片内容。

师："你和谁一起去玩了？在哪里玩呢？发生了什么事？你有什么感

受呢?"

（2）请个别幼儿说说在家里爸爸会为自己做什么事。

（3）请个别幼儿牵着爸爸的手上前向大家介绍自己的爸爸：姓名、年龄、工作、兴趣爱好等。

（4）教师介绍父亲节的由来。

2. 玩一玩，笑一笑：爸爸本领大

组织亲子游戏"大摆钟"。游戏玩法是：爸爸双手托住幼儿腋下，托起幼儿随儿歌左右摆动，当念到"12点啦"就将幼儿托举到最高处，相应地念到几点就将幼儿向几点钟方向托举。

3. 做一做，送一送：给爸爸的礼物

（1）幼儿一同唱歌曲《我的好爸爸》，同时表演给爸爸看。

（2）进行亲子小制作：送条领带给爸爸。

①画：幼儿用彩笔在卡纸上画上领带的形状，然后选用彩色笔装饰或是用颜料点画。

②剪：爸爸引导幼儿用剪刀将领带外形剪下。

③贴：在领带的反面贴上双面胶。

④送：教师鼓励幼儿将自己制作好的领带送给爸爸，并对爸爸说："爸爸我爱你，祝你节日快乐！"

4. 抱一抱，说一说：温暖的祝福送给爸爸

（1）请每个幼儿都对自己的爸爸说一句温暖的话，比如"爸爸，辛苦啦"、"我给爸爸捶捶背"，等等。

（2）抱一抱爸爸，在舒缓的音乐中结束活动。

活动延伸

（1）本园教育活动延伸：开展"我的好爸爸"角色扮演游戏。

（2）家庭教育活动延伸：鼓励幼儿在家与爸爸玩亲子游戏，感受爸爸的爱。

附：父亲节的由来

1909年，美国华盛顿州一位叫布鲁斯-多德的夫人，在庆贺母亲节的时候突然产生了一个念头：既然有母亲节，为什么不能有父亲节呢？

多德夫人和她的5个弟弟早年丧母，他们由慈爱的父亲一手养大。许多年过去了，姐弟6人每逢父亲的生辰忌日，总会回想起父亲含辛茹苦养家的情景。在拉斯马斯博士的支持下，她提笔给州政府写了一封措辞恳切的信，呼吁设立父亲节，并建议将节日定在6月5日她父亲生日这天。州政府采纳了她的建议，仓促间将父亲节定为19日，即1909年6月的第3个星期日。翌年，多德夫人所在的斯波堪市正式庆祝这一节日，市长宣布了设立父亲节的文告，定这天为全州的父亲节。以后，其他州也陆续开始庆祝父亲节。

为了使父亲节规范化，1972年，尼克松总统正式签署了设立父亲节的文件。这个节日终于以法律的形式确定了下来，并一直沿用至今。

专家评析

父亲在幼儿成长中有着不可低估的作用。研究显示：在生命的第一年内就存在婴儿与父亲之间的强烈的依恋。当父亲出现或在场时，婴儿会注视着父亲，表现得很活跃，渴望被父亲拥抱。另一项调查表明，5个月大经常与父亲接触的婴儿，相比那些与父亲接触不多的婴儿，对环境的适应性更强，他们不怕生，愿意让生人抱，对陌生人有更多的语音回应。跟踪研究还发现，受父亲照料的儿童长大后具有更强的同情心和社交能力。

因此，在父亲节来临之际开展此次活动，既有益于幼儿认识和了解父亲，在游戏活动中增进对父亲的依恋与尊重之情，也有利于年轻的父亲来关注和了解幼儿的成长历程，增进父亲与子女间的感情，对加强父亲与幼儿的亲子关系具有重要的意义。本活动设计层次清晰、操作性强，游戏生动有趣，营造了较好的亲子氛围，既让幼儿懂得了父亲的爱是伟大的爱，父亲节是一个重要的关爱父亲的节日，也亲身体验了与父亲在一起玩游戏的愉悦。

建议：如果个别孩子的父亲不能到场，可在活动前与家长沟通，请家长提前录制一段视频与幼儿进行互动；或者建议其在家中和孩子玩"大摆钟"游戏，以满足每个幼儿体验父子情感的需求。

21. 快快回答

设计教师：戴玉　　评析专家：汪宏英

幼儿园：湖北省武汉市直属机关育才第二幼儿园

设计意图

"见面打招呼，临别说再见，得到帮助说谢谢，做了不恰当的事说对不起……举止得当，彬彬有礼。"谁都想自己的孩子如此有礼貌、懂礼仪，可是，怎样培养有礼貌、懂礼仪的孩子呢？现在的幼儿大部分是独生子女，从小就受到过多的呵护甚至溺爱，我行我素，不会使用礼貌用语与别人交流，需要别人帮助的时候直接用"喂"与人打招呼。针对这一情况，我设计了本次活动。

活动目标

（1）知道对长辈的呼叫应及时应答。

（2）通过观看情境表演，学会关心、帮助长辈，做到心中有他人。

（3）积极参与情境表演，锻炼人际交往能力。

活动准备

（1）知识经验：幼儿有过帮助长辈做事的经历。

（2）物质材料：家长对幼儿提出要求或向幼儿求助的课件。

活动过程

1. 导入活动

教师谈话引入情境，引发幼儿对话题的关注和兴趣。

引导语：你们平时在家里遇到了困难会怎么办？长辈们在家需要帮助时找谁呢？你们会怎么做？

2. 感知理解

（1）请幼儿观看课件，让幼儿感知。

课件内容如下：

- 奶奶叫小明帮忙拿一样东西，小明装作没听见。
- 爷爷请可可帮忙捶背，可可马上很高兴地答应了。
- 妈妈叫宝宝去洗脸，宝宝虽然答应了，但就是不动。
- 爸爸回家了，请宝宝拿双拖鞋，宝宝很乐意地跑去拿。

（2）鼓励幼儿说出课件中谁做得对、谁做得不对，对于错的应该怎么帮助他们改正。

小结：生活中很多时候，当长辈们呼唤小朋友，或者长辈们让小朋友帮忙做事时，小朋友们是怎样做的？请小朋友自己思考哪些地方做得不够好？老师常常见到一些小朋友，自己玩得很开心，但当父母让他们帮忙做一点儿家务时，他们马上就找借口不去做；长辈们批评他们的时候，他们还不高兴听，惹长辈们生气。这些行为都是不对的。小朋友要用心去体会爸爸妈妈对自己的爱，感谢父母的养育之恩不能只挂在嘴上，一句"爸爸妈妈我爱你"是远远不够的，要落实到行动上，要从生活中的小事做起。

3. 表演体验

（1）幼儿分组表演，比比谁是最有礼貌的小主人。教师主要观察幼儿表演的步骤和表现。

（2）鼓励幼儿说说除了在家里要尊敬长辈，生活中是否还遇到过这种问题，是怎么解决的。

4. 巩固评价

（1）幼儿相互评价，找出帮长辈做事过程中需要改进的地方。

（2）教师就幼儿在活动过程中的表现给予评价。

5. 结束活动

师幼共同整理物品，结束活动。

活动延伸

指导幼儿在区角活动时间制作一些感恩贺卡送给自己喜欢的人以及帮助过自己的人。

专家评析

"快快回答"这个活动从生活中的细节入手，抓住幼儿生活中习以为常的小事——不知道及时回应长辈的呼唤，用特写的表现形式呈现到幼儿面前，真实且熟悉的场景无疑能带给他们震撼。这种由点到面的教育手段是值得推崇的。

对于幼儿来说，来园、离园能主动向老师打招呼；在路上碰到熟悉的人能主动打招呼；能主动热情地向客人打招呼并交谈；得到小朋友的帮助会道谢，不小心碰撞了朋友会道歉等，这些看似简单的细节，都需要幼儿身边的每一位长辈言传身教，正所谓"润物细无声"。活动的设计者深深懂得这一点，意识到其重要性，并且进行了行之有效的尝试。

活动中的每个幼儿都参与其中，尤其是在表演体验环节，幼儿分别扮演长辈和孩子，不但满足了自己的表演欲，也感受到了尊重与被尊重。这种寓教于乐的形式非常适合幼儿的年龄特点。

俗话说，"台上一分钟，台下十年功。"一个彬彬有礼的幼儿背后，是大人的长期言传身教与引导。其间，有困难、有曲折，但教育的原理就是滴水穿石，只要坚持，就一定能收获到果实。

22. 过马路

设计教师：方媛　评析专家：汪宏英
幼儿园：湖北省武汉市直属机关育才第二幼儿园

设计意图

　　教育活动内容来源于生活又服务于生活。我们幼儿园门口是个十字路口，孩子们每天都会遇到红绿灯，每天也都能观察到在十字路口指示灯下的种种情况和不同人的过马路方式。每天在等红绿灯的时候，我经常听到家长们对孩子讲过马路的注意事项，也会听到孩子对家长发问。根据《指南》提出的幼儿应该"感受规则的意义，并能基本遵守规则"的要求，我特地设计了这个活动，利用实际生活情境和图书故事向幼儿介绍一些过马路的基本规则，帮助他们体验规则的重要性，让他们学会自觉遵守规则，提高自我保护能力。

活动目标

　　（1）建立基本的交通安全意识，能按信号做出相应的反应。
　　（2）知道车辆行驶要看交通指示灯，过马路时要看人行指示灯。
　　（3）乐于参与活动，体验游戏带来的快乐。

活动准备

　　（1）知识经验：幼儿认识斑马线，知道过马路时要走斑马线、要看人行指示灯。
　　（2）物质材料：模拟交通指示灯和人行指示灯，表示斑马线的地垫，方向盘（圆圈或圆盘形的物体），故事视频《汽车嘟嘟过马路》。

活动过程

　　1. 律动开场，引入话题

　　带领幼儿在《小司机》的律动音乐中进入活动场地。律动结束后，请幼儿坐下（可直接坐在"方向盘"上）。教师提问如下：

　　• 刚刚小朋友和老师一起都变成了什么？（边提问边以动作引导幼儿

进行回答）

- 刚刚小司机们开着小车，在路上都看到了哪些东西呀？（"斑马线"、"红绿灯"、"人行指示灯"……）
- 哪位小朋友还记得斑马线有什么作用？（"过马路时要走斑马线，这样过马路才安全"）
- 除了走斑马线外，过马路时我们还要注意些什么？（"看人行指示灯，红色灯亮不能走，绿色灯亮向前行"）
- 小司机在马路上应该看什么指示灯，才能安全行驶呢？

2. **故事视频欣赏**

组织幼儿欣赏故事视频《汽车嘟嘟过马路》，提升幼儿的经验，知道车辆行驶要看交通指示灯。

3. **欣赏情境表演，判断行为的对与错**

（1）请配班教师协助表演"过马路"的情境，先表演一个正确的过马路方式，再表演一个错误的过马路方式，请幼儿判断对错，并说说为什么。

（2）总结幼儿的回答：过马路时要看清十字路口的指示灯，车辆行驶要看交通指示灯，行人过马路时要看人行指示灯，要懂得"红灯停绿灯行，黄灯亮了等一等"。此外，行人过马路时不能乱跑，要走斑马线。

4. **角色扮演，加深对交通规则的理解**

组织幼儿玩角色扮演游戏"我在马路上"，提醒幼儿在遇到人行指示灯时做相应的前进和停止的动作。

活动延伸

（1）本园教育活动延伸：在角色扮演游戏中继续延伸活动主题，增强幼儿过马路注意交通安全的意识。

（2）家庭教育活动延伸：请家长为幼儿讲解安全过马路的常识，并结合生活情境引导幼儿判断正误；带领幼儿朗诵有关安全过马路的儿歌。

 **专家评析**

"中国式的过马路"是生活中一个令人感到无奈的话题。大众交通规则意识淡薄已经影响到下一代的成长了。本节活动来源于生活又服务于生活,体现了"遵守交通规则,要从娃娃抓起"的主旨,这也正是本活动的亮点。

《指南》强调要结合幼儿的生活进行安全教育,提高幼儿的自我保护能力。活动通过游戏和观看视频、情景剧,生动再现了"十字路口"的交通状况,让幼儿结合生活经验,知道人们过马路时一定要遵守交通规则,进而培养幼儿的规则意识。

此外,活动能抓住幼儿过马路时常见的"斑马线"、"红绿灯"、"方向盘"等可视物,用他们喜欢的游戏方式进行模拟和再现,寓教于乐。

建议:教师在活动中引导幼儿明确角色分配,以体验到不同角色的不同规则要求。

23. 有趣的生日会

设计教师：游红霞　评析专家：汪宏英

幼儿园：湖北省武汉市洪山区街道口幼儿园

设计意图

　　过生日是幼儿非常期待的事情。他们巴不得天天都过生日，经常会问妈妈："我的生日怎么还没有到呢？"通过观察小朋友们的日常谈话，我还发现家庭生日会已经满足不了幼儿的要求，他们喜欢和同伴一起过生日，愿意和朋友们一起唱生日歌。鉴于此，为了更好地满足幼儿的心愿，借班里有两个小朋友一起过生日的机会，我特意设计了本活动。

活动目标

　　（1）在集体过生日的活动中充分感受到幼儿园生活及成长的幸福与快乐。

　　（2）学习用完整的语句说一些祝愿朋友的话。

　　（3）在活动中大胆地与同伴交往。

活动准备

　　蛋糕，面具，音乐，相机，小礼物，场地，幼儿日常活动的照片与视频。

活动过程

　　1. 观看照片和视频

　　呈现小朋友日常一起活动的照片和视频，帮助幼儿回忆和大家在一起的甜蜜感觉。

　　2. 小寿星出场，小朋友送上祝福

　　（1）音乐响起，小寿星们头戴花环隆重出场。

　　师："今天是哪些小朋友的生日呢？请出小寿星。"

　　（2）小寿星逐个向大家做自我介绍，包括自己的年龄和现在的心情。

　　（3）请小寿星的好朋友为他们送上自己的祝福。

（4）全体幼儿戴上面具，在音乐的伴奏下开心地跳起舞蹈，幼儿可以交换小伙伴。

3. 许愿，唱生日歌，分享生日蛋糕

（1）推出蛋糕，幼儿都围坐在蛋糕旁。

（2）点燃蜡烛，齐唱生日歌。

（3）小寿星面对蛋糕许愿，其他幼儿也可以一起许下自己的愿望。

（4）小寿星在朋友的陪伴下吹灭生日蜡烛。

（5）所有的小朋友一起分享生日蛋糕。

在整个过程中有一名教师全程摄像。

专家评析

也许有人说，生日年年过，举办这样的活动有多大的意义？我们发现，看似"微小"的东西、"不起眼"的小事，往往可以对幼儿起到很大的教育作用。《指南》指出，教育者要适时地捕捉日常活动中"平常"、"微小"、"不起眼"的教育契机。这个活动为幼儿提供了展示自己的舞台，幼儿在活动中成为了明星，表达自己的心愿，接受大家的祝福，和小伙伴一起快乐地舞蹈。

爱幼儿和尊重幼儿是对教师的职业要求，让幼儿快乐是教师最大的成功。教师应重视日常活动中那些看似"平常"的东西，为幼儿尽可能地创造机会和条件，让幼儿切身地感受同伴间的温暖和大家庭的快乐，促进幼儿自主、自信、健康、快乐、富有个性地成长。

本次活动不是一篇单纯的教案，它建立在教师已有的工作经验基础之上。活动场景的照片让我们看见幼儿们快乐的表情、充满期待的眼神，这样重要的时刻，有这么多小朋友和老师陪在身边，对于任何一个幼儿来说，都是一份难得的生日礼物。所以，我相信，过生日的幼儿是幸福的，这份厚重的充满"爱"的礼物，一定会成为他人生中珍贵的记忆。这是这个活动最大的亮点。

24. 合作力量大

设计教师：席蓉　评析专家：汪宏英

幼儿园：湖北省江汉油田公共事业处广华幼儿园江钻分园

设计意图

合作是幼儿未来发展、适应社会、立足社会的不可或缺的重要素质。因此，从小培养幼儿的合作意识和合作能力是十分重要的。在日常生活中，教师应想办法为幼儿创造、提供与同伴合作学习和游戏的机会，让幼儿在实践中学会合作。比如，引导、组织幼儿进行小组或全班作画，在这个过程中幼儿必须学习相互协商、互相配合、分工合作，只有这样他们才能在构图、色彩、内容上达到协调一致，共同创作出一幅美丽的图画。在游戏中，特别是在建构游戏、角色游戏中，幼儿间必须共同商量、友好合作、互相配合，才能使游戏更好地进行下去。为了增强幼儿的合作意识和合作能力，我特意设计了本活动。

活动目标

（1）懂得共同合作能把事情做得更好。

（2）在实践中体会商量、合作的重要性。

活动准备

废旧易拉罐若干、球、薄板。

活动过程

1. 玩摞易拉罐游戏

（1）提出任务：在一定时间内，把易拉罐摞高。

（2）幼儿或独自或合作进行摞易拉罐游戏，然后观察，评出摞得最快、最好的一组。

（3）组织幼儿讨论：合作好还是自己单独干好？最后得出合作比单独干摞得更快、更好的结论。

2. 玩"板上运球"游戏

（1）把幼儿按人数分成两队，四人为一组。

（2）介绍游戏玩法：每队由第一组开始，把球放在板子中间，四人分别抓住板子的一角，同时向前走，绕过终点返回起始线，将球和木板传给第二组进行接力赛。途中手不能碰球，要注意保持木板的平衡，防止球从木板上掉下，如球掉下，必须放板拾球后再前进。速度快、掉球次数少的一队获胜。

3. 讨论、总结获胜的方法

（1）请获胜的一队介绍开始时是怎样做的，发现了什么问题，后来是怎样做的。

（2）组织幼儿说说为什么能赢得胜利，让幼儿在讨论中感悟到要做好一件事需要大家相互合作；只有相互合作、共同努力，才能将事情完成得更好。

专家评析

未来的社会是一个开放的、互助的社会，因此良好的社会交往能力、合作能力对一个人来说极为重要。《纲要》指出："游戏是幼儿园的基本活动。"本次活动将基本体能的锻炼寓于娱乐性极强的游戏之中，在激发幼儿参与兴趣的同时，促进幼儿观察思考，培养幼儿的团结合作意识，为幼儿的社会性发展提供了很好的机会和平台。

活动中，教师首先让幼儿自主游戏，或独立或合作"摞易拉罐"，让幼儿在积极的参与中慢慢地发现"人多力量大"，认识到合作的重要性。幼儿在感知了合作的重要性以后，接下来以游戏的方式"运球"，在集体游戏中进行交流、寻找好的合作方式，在无形中感受到了合作的快乐和重要性。层层推进的环节，始终尊重幼儿的主体地位，重视发挥幼儿的主体性，教师则承担了引导者、合作者和支持者的角色。

本次活动的"运球"环节对幼儿的合作能力要求很高，对于中班幼儿来说会有点儿难度，在活动过程中需要进行练习，因此放在中班末期开展较适宜。

25. 身边的规则

设计教师：王繁　评析专家：汪宏英
幼儿园：湖北省宜昌市城建幼儿园

设计意图

　　生活中处处有规则，社会中的每个人都应该遵守规则。幼儿园的幼儿普遍缺乏规则意识，在幼儿园的一日活动中，总能听到老师的说教声，告诉小朋友应该这样、应该那样，但幼儿似乎总是记不住，每次都要教师提醒。针对幼儿规则意识不强、对规则认识不够的现象，我决定开展规则教学活动，把活动课与生活教育相结合，在活动课中培养幼儿遵守规则的意识，让幼儿进一步认识到遵守规则的重要性，使教师从不断的提醒和说教中逐渐解脱出来。鉴于此，我设计了此活动。

活动目标

　　（1）了解日常生活、游戏和学习中应该遵守的一些规则。
　　（2）认识到遵守规则的重要性。
　　（3）具有遵守规则的意识。

活动准备

　　电子白板；每组一个瓶子，里面装有与幼儿人数相同的乒乓球；图片；幼儿上下楼梯的视频。

活动过程

1. 体验、感受遵守规则的重要性

　　（1）组织幼儿玩游戏：在规定时间内取出乒乓球。

　　游戏结束后，提问：刚才小朋友们在取乒乓球时出现了什么问题？为什么没有成功？怎样才能又快又好地取出乒乓球？（"一个接一个轻轻地拿"）

　　（2）请幼儿遵守规则再次做取乒乓球的游戏，并提问：这次感觉怎样？

　　小结：玩游戏时应该遵守规则，这样才能玩得更安全、更开心。

（3）引导幼儿观看小朋友上下楼梯的视频。

提问：发生了什么事情？他们为什么会撞到一起？怎样上下楼梯才不会撞到？

小结：上下楼梯也应该遵守规则，靠右走，不拥挤。

2. 找一找生活、游戏、学习中应该遵守的规则

（1）请幼儿自由分组在图片中寻找隐藏的规则。

（2）请小组代表上前讲述在图片中找到的规则。

3. 拓展知识，了解生活中应遵守的更多规则

组织幼儿玩"规则对对碰"游戏，游戏玩法：将幼儿分成红、黄两队，教师提出有关规则的问题，比如在公共汽车上应该遵守什么样的规则等，说"开始"后，幼儿举手抢答，比比哪队得到的红花多。

小结：生活中处处都有规则，我们都应该遵守规则。

4. 活动结束

师："请小朋友当宣传员，把知道的规则告诉更多的人，让大家都来遵守规则！"

专家评析

在社会领域活动中，我们的教育目标之一是：结合社会生活实际，帮助幼儿了解基本行为规则或其他游戏规则，体会规则的重要性，学习自觉遵守规则。

本活动把幼儿真实的生活经验和感受作为教学活动的切入点，以活动为载体，让幼儿由近及远地感受生活中的规则，活动内容紧紧围绕幼儿实际生活展开。从瓶子里取出乒乓球、找规则、比赛说规则以及宣传规则等活动，让幼儿在经历"游戏引规则——生活找规则——实践用规则——宣传守规则"的过程中学习理解规则，按规则做事，顺理成章地让幼儿按照自己的思维理解顺序完成了对规则的体验、了解和内化。

尤其值得称赞的是，"规则对对碰"活动为幼儿搭建了一个观察身边规则的平台，拓展了幼儿的视野和经验，使他们对规则能够运用自如，真正达到学以致用。

26. 手势语

设计教师：喻银霞、张彩红　评析专家：伍香平
幼儿园：湖北省孝感市孝南区直机关幼儿园

设计意图

好习惯会使人终生受益。近年来，我园把养成教育作为一个重要的目标常抓不懈。良好的体态、文明的举止是养成教育的一项重要内容。如何把握近一点、小一点、实一点的原则进行选材呢？一天课间，幼儿们在自由游戏时不由自主地做出胜利的手势大喊："我们赢了，耶！"我灵机一动，何不从幼儿熟悉的手势语入手，对幼儿进行礼仪教育呢？于是，就有了本活动。

活动目标

（1）学习"真棒"、"赢了"、"OK"、"停止"等几种手势语并会运用。

（2）喜欢运用手势语并体验运用手势语的快乐。

（3）养成遵守社会礼仪的习惯。

活动准备

表示"真棒"、"赢了"、"OK"和"停止"的手势图片各一张，当作果子的材料若干，日常生活中的手势语录像带，音乐《感恩的心》。

活动过程

1. 游戏导入，引出手势语

（1）师："小朋友们，我们一起来表演学做解放军吧。"

音乐起，教师带领小朋友们精神饱满地表演学做解放军。

（2）师："小朋友们表演得真好，我们来用手势表扬一下自己。"

幼儿做出"真棒"的手势，教师把幼儿的动作拍下来。

2. 说说做做，认识手势语

（1）出示第一张图片"真棒"。

师："我把小朋友们的手势拍下来了，这是什么意思？"（"真棒"、"夸

奖"、"了不起"等）

师："你们什么时候用到这种手势语？"引导幼儿说出使用这种手势语的场合，比如"我帮妈妈擦桌子，妈妈夸我棒"、"我帮奶奶揉背，奶奶夸我棒"、"我帮爸爸拿鞋子，爸爸夸我棒"，等等。

（2）出示第二张图片"赢了"。

①说说什么意思。

师："这个手势是什么意思？什么时候用到这个手势语？"引导幼儿说出"高兴时就做这个手势语"、"比赛赢了就做这个手势语"等。

②体验手势语"赢了"。

组织幼儿玩游戏：夺红旗。

游戏玩法：将幼儿分成人数相等的两队进行比赛，胜利的一队边做出"赢了"的手势语边大喊："我们赢了！"

教师启发幼儿对输了的一队说："加油，加油，你们下次一定能赢！"连续玩三次。

（3）出示"OK"、"停止"的手势语图片。

师："这种手势语在生活中都会用到，是什么意思？"（"OK"）

师："那这个呢？"（"停止"）

师："今天下午我们给××小朋友过生日，OK？"（"OK"）

3. 创设游戏情境，运用手势语

师："唉，我的电话响了。（拿起电话）喂，你好，请问你是谁？是小鹿呀，请小朋友们帮你摘果子，好的，好的。"

师："小朋友们，小鹿种的果子熟了，我们去帮小鹿摘果子，OK？"

幼："OK！"（做手势语）

全体幼儿玩游戏"摘果子"。摘完果子，小朋友们不约而同地做出手势语"耶！"

小鹿："谢谢小朋友们，你们真棒！"（做手势语）

师："小朋友们帮小鹿摘了果子，夸夸自己。"

幼："嗨，嗨，我真棒！"（做出"真棒"的手势语）

师："请小朋友们安静。"（教师做停止的手势语，小朋友们立即坐好）

4. 生活提炼，说一说多姿多彩的手势语

（1）师："日常生活中还有哪些地方运用手势语？"

引导幼儿说出"请"的手势语、"再见"的手势语、"嘘，小声点儿"的手势语，教师适时用肢体语言提示。

（2）师："什么样的手势语很美？"引导幼儿懂得："做'小声点儿'时轻轻地就很美"，"做'请'时微笑就很美"等。

（3）引导幼儿念手势语儿歌：'手势语，很重要，生活中，常用到。介绍人，指方向，用手掌，更像样。'

5. 欣赏更多的手势语

（1）师："手势语的用途很广。请小朋友们看一看，哪些地方会用到手势语。"组织幼儿观看"交通警察指挥交通"、"指挥家指挥演奏"和"哑语"的录像。

（2）带领全体小朋友和老师一起跳手势语舞蹈《感恩的心》结束活动。

专家评析

手势语是一种简易的思想交流工具，不仅容易吸引幼儿的目光，让幼儿专注于对方想要传达的信息，还有强化学习的功能。本次活动选点小，围绕目标，设计层次清晰，环节流畅，过渡自然，幼儿比较容易接受，因为幼儿有一定的生活经验，能敷起他们内心的体验。整个活动，教师对内容把握较好，重点突出，详略得当。

该活动最大的亮点是避免了枯燥的说教，遵循了幼儿的认知发展规律，即知——情——意——行。作者首先引导幼儿从感性上认识手势语（知），然后情感体验和理解手势语的作用（情和意），接着在活动中创设游戏情境"小鹿摘果子"，让幼儿运用手势语，最后泛化到日常生活中的运用（行）。正因为顺应了幼儿的认知规律，加上教师启发引导得当，幼儿才能积极主动地参与活动，实现活动目标。

27. 值日生学分工

设计教师：尤蕊　评析专家：伍香平
幼儿园：湖北省武汉市青山区青宜居幼儿园

设计意图

　　班里的孩子对值日生的工作非常感兴趣，但在值日的过程中总有一些小问题，特别是争抢做事，往往延误了工作。《指南》指出："当幼儿与同伴发生矛盾或冲突时，指导他尝试用协商、交换、轮流玩、合作等方式解决冲突"，"幼儿园应多为幼儿提供需要大家齐心协力才能完成的活动，让幼儿在具体活动中体会合作的重要性，学习分工合作"。我想起平时和小朋友们一起玩的分配游戏，希望运用这样一些游戏方法帮助孩子们自行进行值日生任务的分工。

活动目标

　　（1）愿意承担值日生工作。
　　（2）初步学习值日生分工的方法。
　　（3）能运用一些方法解决值日生工作中的分工问题。

活动准备

　　（1）知识经验：幼儿有做值日生的经历，知道值日生是轮流来当的；在日常游戏中了解过一些分配方法，如摸卡片、掷骰子、点兵点将、请老师来分或请某个小朋友分等。
　　（2）物质材料：值日生工作的视频，游戏材料。

活动过程

1. 看视频、讨论，引出分工方法

请幼儿观看三个值日生争抢发餐巾的视频。

师："你们觉得他们这样能完成任务吗？"（"不能"）
师："那该怎么办？有没有好办法让他们不争抢？"（组织幼儿讨论）
师："你们还知道哪些分工方法？"

2.尝试使用这些方法进行三种任务的分工

（1）幼儿三人一组，按照星期一到星期五的顺序坐好。比如，星期一值日的三个值日生坐在一起、星期二值日的三个值日生坐在一起，依此类推。

（2）请每组幼儿尝试用一种方法进行发餐巾、发筷子、发盘子三件事的分工。

（3）经验交流：你们用了什么好方法，让大家不争抢？

3.尝试给餐前的五种任务分工

（1）说出餐前要做的五件事情：擦桌子、发小盘子、发大盘子、发餐巾、发筷子，请幼儿再次用前面的方法来进行分工。

（2）经验交流：五件事情由三个值日生来做，你们是怎么分工的？遇到了什么问题？

4.看视频，学习用协商的方法进行分工

组织幼儿观看视频：大班三人值日生通过协商对五件事情进行分工。

讨论：他们是用什么方法来分工的？

5.场景练习

幼儿尝试用协商的方法对五件事情进行分工，同时也可以运用前面学到的分工方法，操作实物完成自己所在桌的餐前准备工作。

小结：你们学会了用协商和其他一些方法来进行值日分工，一定会把值日工作做得很棒！

活动延伸

请幼儿对值日生的其他工作也进行分工，并按照分工承担每天的值日工作；在下一次集体活动上，引导幼儿尝试评价值日生的工作。

专家评析

中班的幼儿愿意帮助别人，喜欢当值日生，但受其自身认识水平和行为能力的限制，常常发生争抢，在分配值日任务时容易出现混乱的局面。由此可见，本节活动选材源自幼儿的生活实际，也是中班幼儿中普遍存在的问题，具有较强的针对性。整个活动设计遵循了由易到难的原则，层层推进。此外，教师还创设了一些情境，引导幼儿在练习中对值日分工方法进行强化，操作性较强。

28. 感恩的心

设计教师：王凌　　评析专家：汪宏英

幼儿园：湖北省武汉市直属机关健康幼儿园

设计意图

　　每年11月的最后一个星期四是感恩节。"感恩"是一种生活态度，是一种美德。儿童教育专家郭建国教授说："感恩之心是一种美好的感情，没有一颗感恩的心，幼儿永远不能懂得孝敬父母、理解他人，更不会主动帮助别人。"为了培养幼儿懂得珍惜别人的爱，懂得感恩，做有爱心的人，在感恩节即将来临之际，我设计了此活动，旨在让幼儿感知长辈对自己的关心，学着关爱和尊敬长辈，将感恩的种子播撒在幼儿的心田。

活动目标

　　（1）感受身边的人对自己的关爱，激发感恩的情感。

　　（2）体验与家长一起游戏的快乐，学着关爱他人。

活动准备

　　（1）知识经验：幼儿已经学过儿歌《拍花箩》。

　　（2）物质材料：大图片、插卡板、手提电脑、投影仪、屏幕、动画PPT、数字条卡、红色卡纸、剪刀、彩笔。

　　（3）环境创设：幼儿背靠桌子，面对屏幕坐成半圆形。

活动过程

1. 儿歌导入

　　（1）观看插卡板引发幼儿对儿歌的回忆。

　　（2）复习儿歌《拍花箩》。

2. 仿编儿歌

（1）请幼儿尝试将中间的图卡更换成人物插入，念一念，体验改编儿歌的乐趣。

（2）选择动画PPT中的人物改编儿歌。

3. 小组合作仿编儿歌

（1）请小朋友自主选择一数字条卡，想一想、说一说，谁会做什么事情。问答：你拍一呀，我拍一呀，××教我×××呀。

（2）幼儿自由组合，小组合作仿编。

（3）各个小组推选一位代表带着自己的数字条卡上前，按序排队，一个接着一个表演自己小组改编的儿歌。

（4）合作创编8～10句儿歌。

4. 游戏：拍花箩

亲子共同表演创编的儿歌《拍花萝》。

5. 谈话活动

师："这么多的人爱我们，我们要怎么对待他们呢？现在，你想对他们说什么呢？你会对他们做些什么呢？"

6. 亲子操作：小爱心

家长用红色卡纸制作爱心，幼儿装饰，家长在上面记录双方说的爱的语言，最后将爱心贴在教室的墙面上。

专家评析

这个活动的主要意义不仅仅是让幼儿们大胆想象、积极创编儿歌，更重要的是借助传统儿歌欢快的表现形式，培养幼儿懂得珍惜别人的爱、懂得感恩，同时幼儿浓烈的情感表达也会感染每一位到场的家长和老师。

本活动环节紧凑，步步深入。它以幼儿熟悉的儿歌《拍花萝》为导入，以爷爷奶奶爸爸妈妈等人物为仿编内容，展开以感谢为主题的儿歌仿编；以幻灯片、图片、符号标记等形式，在引导幼儿感受非文字阅读方法、提高幼儿对画面的敏感性的同时，为幼儿创建了丰富的语言表达环

境。幼儿迁移已有经验，尝试自己组织语言，表述所感受到的爱。最后，父母和幼儿一起制作爱心卡，将亲子活动推向高潮。幼儿们在一次次稚嫩的表达中，增强了语言表达能力；家长们也收获了感动和感激。可见，这种亲子活动形式非常有利于家长与幼儿之间的情感表达。

29. 我爱清清水

设计教师：李福玉　　评析专家：陈刘芳

幼儿园：湖北省荆州市政府机关幼儿园

设计意图

面对日益严重的环境问题，我们应该积极地面对并努力寻找解决的办法。要引导幼儿从小树立保护环境的意识，争当环境的保护者而不是破坏者，因此我设计了这节社会活动，希望引导幼儿初步懂得保护水资源的重要性。

活动目标

（1）认识水的特性及用途。

（2）了解水污染的原因及危害。

（3）具有保护水资源的意识，并能在日常生活中有所行动。

活动准备

清水，日常生活用水的图片，有关水污染形成的PPT，小鱼在清水和污水中的挂图，笔，纸。

活动过程

1. 出示一杯清水，分析水的特性

（1）引导幼儿分别用眼睛、鼻子、嘴和手来感知水并描述自己的感觉。

（2）根据幼儿的描述，教师总结：水是透明、无色、无味的液体，会流动，因而没有固定的形状。

2. 出示图片，让幼儿联系现实生活，谈谈水的用途

（1）师："小朋友们想想水有哪些用途？除了人类以外，地球上的其他

生命,像动物、植物需不需要水?"

鼓励幼儿大胆地讲述水的用途,如饮用、洗手、洗衣服、浇花、灭火等。

(2)出示图片,帮助幼儿总结归纳水的用途。

师:"水是一种非常重要的物质。如果说地球是妈妈,水就是妈妈的乳汁,它哺育着地球上的人、动物和植物。没有了水,我们会渴死,动物和植物也会死亡。"

3. 观察挂图,了解水污染

(1)出示两幅不同水环境的挂图,让幼儿观察这两幅图片,引导幼儿说出鱼妈妈和小鱼儿在干净、清澈的水里面生活时,它们都过得很开心、很快乐;当小鱼儿和它们的妈妈在污染严重的水里面生活时,鱼儿伤心了、流眼泪了,只能游到别的地方生活了。

(2)师:"猜猜看,为什么会变成这样?如果人们吃了、用了这些污水又会怎么样呢?"鼓励幼儿大胆地举手发言。

教师总结:江河受到污染,水就成了脏水。有时脏水的颜色黑乎乎的,还有一股臭味,技术人员将水取样进行化验,发现水里充满各种病菌和有毒物质;全世界每年大约有两万多人因喝了脏水而死去。有人住在大河边却没水喝,没有鲜鱼活虾吃,也无法用河水浇灌农作物,因为河里流淌的是黑乎乎的臭水。

4. 讨论水污染的原因

(1)引导幼儿回忆、讲述和爸爸妈妈在家讨论的护城河被污染的原因。

(2)播放有关水污染形成的PPT,总结水污染形成的原因:工业废水;生活垃圾;生活污水;残余农药;乱砍滥伐。

5. 保护水资源人人有责

师:"保护水资源是每个人的责任,那么怎样能让更多的人都做到呢?"

(1)请幼儿合作商量办法,如一水多用、爱护树木、不向水里乱丢垃圾等。

(2)鼓励幼儿把自己想到的保护水资源的方法画出来。

活动延伸

引导幼儿把保护环境的想法变成行动，并在家庭中开展"爱护清清水"活动。

 **专家评析**

"我爱清清水"这一社会活动，以人类赖以生存的环境为主题，选择其中最为重要的水污染让幼儿了解，给幼儿提供了一个了解社会的途径，活动的内容具有科学性、社会性。

活动准备中，教师恰当地选用了身边的材料，创设了有效的教育环境。活动中运用了大量的图片和PPT直观再现水污染的情景，使幼儿对清水和污水的区别一目了然；再通过与幼儿息息相关的护城河污染事件，让幼儿身临其境地感受到了水污染给我们带来的危害。

活动内容的设计层层递进、层次分明，活动过程清晰、流畅，激发了幼儿的兴趣，调动起幼儿的积极主动性，启发幼儿动手、动脑、动口，运用多种感官参与到活动中，为活动目标的最终实现打下了良好的基础。

建议：在活动中，教师可以给幼儿提供更加丰富的可操作性材料。比如给每组的幼儿提供鲫鱼和不同水质的水，让幼儿更直接地观察、记录水的质量和鱼的生存环境息息相关，从而引导幼儿思考水环境和人类的关系。

30. 我是社区一分子

设计教师：王江涛　　评析专家：汪宏英
幼儿园：湖北省武汉市汉阳区玫瑰第二幼儿园

设计意图

我园地处几个社区之间，其中既有新建的干净美丽的社区，也有较脏乱的老社区。幼儿从出生之日起，就和家人一起生活在社区里，社区是幼儿学会与人交往的环境，也是幼儿游戏和认识事物的小世界。为了拉近幼儿与社区的距离，让幼儿对社区多一份熟悉、多一些亲近感，认识到自己也是社区一分子，进而产生关心与爱护社区的情感，我设计了"我是社区一分子"的参观实践活动。

活动目标

（1）会观察幼儿园周边的环境，知道社区的相关资源。
（2）知道要爱护周边的环境，不乱扔垃圾。

活动准备

一次性手套若干，垃圾袋若干。

活动过程

1. 告诉幼儿活动内容，提出外出参观要求

师："今天，我们要参观我们生活的社区。在参观的过程中，小朋友要用心观察社区为我们的生活提供了哪些便利的服务并记下来，在活动结束时比比谁记得最多。我们都是社区的一分子，因此在参观社区时要做一回'小清洁工'，为社区做力所能及的事情。不过，在参观时，小朋友要跟着老师和小组长，不得擅自离开队伍；有事情要及时跟老师讲；参观一些场所时，不要大声讲话，以免吵到别人。"

2. 沿途参观

在途边走边引导幼儿观察了解书报亭、小超市、卫生服务站、健身器材、社区居委会等相关资源和人们生活的关系。

3. 在社区绿化小广场休息

组织幼儿玩"清洁工"的角色游戏,发给每人一个纸袋收集废弃物。

4. 回园路上读标语

引导幼儿读读社区标语,如"社区是我家,美化靠大家"、"保护环境,从我做起"、"同在蓝天下,共爱一个家"等。

5. 活动小结

和幼儿进行总结性的谈话,让幼儿明白活动的目的,使活动更有效。

活动延伸

(1)结合幼儿参观的感受,开展"我美丽的社区"绘画活动,让幼儿用画笔表达自己对社区的热爱之情。

(2)让幼儿在自己家庭所在的社区里争做"文明小卫士"。

专家评析

《指南》明确提出,要重视"培养幼儿具有初步的归属感"。良好的归属感能让幼儿在积极健康的人际关系中获得安全感和信任感。本次活动选择了幼儿熟悉的生活环境,会使幼儿产生极大的安全感,也会使幼儿较快地适应群体生活,喜欢参与群体活动。

此活动设计,目标性很强,内容贴近幼儿的生活,很容易引发幼儿的兴趣。通过观察、了解及亲身参与,幼儿会更加熟悉了解身边的环境,更加热爱身边的环境并学会保护自己生活的环境。采用让幼儿亲身走进社区,亲自去观察和了解社区情况的形式,把幼儿的成长落实于幼儿园内外的环境中,体现了"生活即教育"的理念,也较好地利用了社区资源,发挥社区资源的教育作用,丰富了幼儿的社会经验。

31. 绿化小卫士

设计教师：田朝霞　评析专家：汪宏英

幼儿园：湖北省应城市实验幼儿园

设计意图

　　幼儿经常会做出乱摘花草、攀登树木等行为，但幼儿又是喜欢花草树木的，表现出这些行为主要是由于幼儿缺乏爱护环境的意识，这就需要教师有目的地教育引导幼儿，于是我利用"植树节"组织幼儿开展了这次活动。

活动目标

　　（1）了解植树绿化的好处，具有初步的环保意识。

　　（2）初步了解植树的基本方法及步骤。

　　（3）体验在户外园地实践活动的乐趣。

活动准备

　　植树 PPT 课件，投影仪；树苗、铁锹、锄头、喷水壶；爱护树苗的标识牌 2 个；小兔头饰 16 个；录音机和《小松树》音乐磁带。

活动过程

　　1. 故事导入主题

　　教师扮演兔妈妈说："孩子们，你们还记得咱们家门前的小溪吗？小溪水有时候又清又甜，有时却又黄又苦。这是怎么回事呢？"

　　引导幼儿听故事《香甜的小溪》第一段，问："小溪水为什么变黄了、变苦了？"让幼儿自由讲述自己的想法。

　　2. 听故事讨论植树造林的好处

　　师："宝宝们继续听听发生了什么事？"

　　引导幼儿听故事第二段，然后提问："小溪水为什么变得又清又甜？野猪和大象为什么要当护林员？"

　　幼儿讨论后，教师总结：我们不仅要植树造林，还要保护树木，大家才会有一个美好、舒适的环境。

3. 看视频进一步了解植树造林和美化环境的关系

幼儿观看视频，教师以兔妈妈的口吻讲述："因为大家植树造林，我们的天空蓝蓝的，山川美如画。看！森林多么茂盛，河水多么清澈，空气多么清新。满山都是绿绿的，真是太美了！哦！大家又来植树了！哇！小朋友也来啦！咱们为他们鼓掌加油吧！"

4. 学习植树节的知识

幼儿观看视频后，教师提问："我们的植树节是哪一天？大家常常在什么季节植树？为什么？"

5. 了解植树的步骤

请幼儿观看图片，了解植树的步骤。

6. 植树体验活动

（1）教师介绍植树的工具，然后将工具分发给幼儿。

（2）教师和幼儿来到户外植物园地进行植树活动，按以下步骤进行：选苗——挖坑——下苗——填土——踩实——浇水——插标识牌。

（3）教师和幼儿在树苗旁共跳欢乐舞《小松树》。

活动延伸

开展家庭环保教育：让幼儿参与家庭阳台种植活动，了解植物生长的过程；在户外亲子活动中着重教育幼儿要爱护花草树木，保护自然环境。

专家评析

绿色家园需要大家共同创建、共同爱护，因此让幼儿从小养成良好的习惯、形成环保意识，其意义深远。本活动利用故事和多媒体课件，让幼儿深刻地体验到植树造林的益处，认识到破坏自然生态环境必定会受到大自然的惩罚，具有很强的说服力。活动环节层层推进，引导幼儿懂得植树绿化的好处，掌握植树的步骤，并让幼儿亲自动手种植小树苗、给树苗浇水等，有利于增强幼儿的环保意识与能力。

活动的延伸环节——"家园共育"活动，也是值得肯定的。教师还应提醒幼儿随时随地保护环境、爱护环境，请家长重视家庭中的环保教育，让幼儿从幼儿园到家始终身处环保教育氛围之中。

大 班

32. 找朋友

设计教师：刘菊莲、阮明艳　评析专家：王敏

幼儿园：湖北省鄂州市实验幼儿园

设计意图

　　和谐的社会需要人与人和谐相处，现在的很多幼儿在生活中不会主动与他人交往，就是共处在一个班的小朋友之间也经常会为一点点小事而发生矛盾，他们不会为他人着想，缺乏同情心和帮助他人的意识。我设计此次活动的目的在于引导幼儿学习用最直接、最简单的方法找朋友、交朋友，帮助幼儿学会处理人际关系以及理解和接纳他人的观点，使幼儿富有同情心，并体验到帮助别人的乐趣。

活动目标

　　（1）了解几种基本的交朋友的方法。

　　（2）懂得与他人交往要友好，要善待他人、有同情心。

　　（3）体验互助互爱的快乐。

活动准备

　　多媒体课件，找朋友图片，自制操作材料（面具、头饰、纱巾等）若干。

活动过程

　　1. 游戏激趣

　　带领幼儿玩"找朋友"游戏。（有意识选择数量为奇数的幼儿参加活动，两两组合后余下1名幼儿没有游戏伙伴，老师主动与他打招呼并与他游戏）

　　根据刚才的游戏，引导幼儿讨论，帮助他们感受没有朋友会很孤单，有朋友会很快乐。

　　2. 故事启迪

　　（1）看课件1：《大象找朋友》。

　　①师："故事里都有谁啊？大象想干什么呢？"

②师:"大象想找朋友,但它是怎么做的呢?"

(2)师:"大象找不到新朋友,伤心地唱起了歌。"

①教师唱:"我是一只孤单的大象,一个人唱歌没人听,一个人流泪没人爱,我的朋友在哪里,在哪里。"

②师:"我们也来唱这首歌,感受一下大象的心情吧。"教师带领幼儿唱歌。

③师:"唱了这首歌,你心里有什么感觉呢?"

(3)教师小结:小动物们听到大象的歌声都很同情它,就来到大象的身边听它唱歌。大象心里真高兴啊!大象的朋友越来越多,大家在一起你帮我、我帮你,快乐也越来越多。

(4)玩游戏:找朋友,抱一抱。

3. **自主发现**

(1)引导幼儿讨论:在生活中,我们是怎样找到朋友的?

(2)呈现图片,鼓励幼儿自由讲述。

(3)看课件2:《这样才能交到朋友》

①"对不起,没关系"——互相原谅能找到好朋友。

②"谢谢你,不用谢"——互相帮助能找到好朋友。

③"大积木、小轿车,一起游戏快乐多"——有了好玩的玩具大家一起玩也能找到好朋友。

教师总结:大家在一起只有互相帮助、互相原谅、团结友爱,才能找到好朋友。

4. **自由表现,互相帮助**

(1)设置情境:圆圆老师要参加朋友的生日聚会,可准备参加聚会穿的新衣服破了,老师和幼儿一起为新衣服贴上漂亮的贴饰。

(2)师:"圆圆老师得到了大家的帮助,为了表示感谢,她想邀请所有的小朋友一起去参加朋友的生日Party,现在我们也互相打扮打扮,你帮我,我帮你,把每个小朋友都打扮得漂漂亮亮。"

附：歌曲

大象找朋友

```
1 1  5 5  6 6  5      4 4  3 3  2 2  1
我是一只孤 单的 大象，  一个人唱歌   没人 听，
5 5  4 4  3 3  2      5 5  4 4  3 3  2
一个人流泪 没人 爱，   我的 朋友 在哪 里，
3 2 1
在 哪里
```

 **专家评析**

  这是一节以社会领域为主的综合活动，是幼儿园各个年龄阶段都可以开展且经常开展的活动，也是幼儿比较喜欢的活动。幼儿都喜欢交朋友，喜欢与伙伴一起玩耍，但是由于交往经验不足，交往方法不丰富，导致在交往中经常发生小矛盾，表现得以自我为中心，而本节活动就是有意设计出游戏中落单的情况，让幼儿体会没有朋友的感受，进而产生找朋友的愿望；活动的第二个环节通过《大象找朋友》的故事启迪幼儿的思维，引导幼儿学习交朋友的方法，并从歌曲中体会到要善待他人，要有同情心；活动的第三个环节，通过《这样才能交到朋友》的课件，引导幼儿发现直接运用一些礼貌用语也能很快找到朋友；最后一个环节则是呈现出大家互相帮助也能交到朋友，整个活动从不同的角度呈现了多种情境中交朋友的方法。

33. 闯关大比拼

设计教师：田华　评析专家：伍香平

幼儿园：湖北省江汉油田公共事业处广华幼儿园

设计意图

　　学前阶段的幼儿想参加社会活动而实际交往能力有限，怎样尽快地融入社会、更好地与他人交往，成为幼儿社会性发展的突出需要。结合幼儿喜欢游戏的特点，我从幼儿的生活经验出发，选择幼儿熟悉的材料，通过闯关的形式，让幼儿在快乐、自主的环境中理解什么是合作、合作的重要性并学习合作的方法。

活动目标

　　（1）在游戏活动中初步体验合作，感知什么是合作。

　　（2）明白合作的重要性，并能初步了解合作的基本方法。

　　（3）体验合作的快乐。

活动准备

　　布带若干，积木一筐，大小筐若干，多媒体教学设备，教学课件。

活动过程

1. 律动导入

幼儿听音乐做律动入场。教师交代活动内容，引出课题。

2. 第一关：二人三足

活动目的：让幼儿体验两人之间的合作。

　　（1）教师交代游戏规则：两个小朋友并排站立，然后把挨着的两只脚绑起来变成一只共用脚，然后两个人用三只脚，快速地由这边走到那边，走得快并且没有摔倒的一组胜出。

　　（2）幼儿自由探索，教师引导讨论两个人应如何合作。

　　（3）幼儿游戏。

3. 第二关：拼长龙

活动目的：让幼儿体验小组合作。

（1）教师交代游戏规则：分组选取积木，每个小组成员一起合作开始拼长龙，在规定时间内拼得最长的一队获胜。

（2）引导幼儿讨论应如何合作。

（3）幼儿游戏。

4. 经验提升

（1）提问：我们生活中还有哪些活动需要合作？（幼儿联系实际生活，回忆生活中需要合作的事例）

（2）幼儿看录像：生活中成人的合作，生活中幼儿的合作。

5. 第三关：蜈蚣走

活动目的：让幼儿体验集体合作。

（1）教师交代游戏规则：排队站好后，后一个小朋友依次抱住前一个小朋友的腰部，然后一起蹲下，听老师口令一起跨步向前走。

（2）幼儿初次体验，教师引导幼儿讨论"蜈蚣走"的方法。

（3）幼儿尝试，迎接挑战。

6. 结束部分

为闯关成功的幼儿颁奖。

活动延伸

引导幼儿继续观察生活中还有哪些事情需要合作，并讨论合作可采用的方法。

本节活动是一份简案，但其中呈现出的设计思路是清晰的，整个活动方案有如下几个亮点：

（1）以游戏活动贯穿始终，激发了幼儿参与的兴趣和热情。整个活动以游戏为基本活动方式，从幼儿的兴趣出发，采用幼儿喜欢的闯关形式，结合体育游戏、智力游戏让幼儿在自主、积极的氛围下游戏、体验、领悟。

（2）选材贴近幼儿的生活实际，唤醒了幼儿的生活经验。活动注重从幼儿的生活环境入手，选择幼儿身边发生的合作性事件录像，引导幼儿在观看中获得间接的感受和直观的理解，丰富幼儿的合作经验，拓展幼儿的生活经验。

（3）活动设计注重层层递进，引发幼儿持续地投入到活动中来。首先是人数上的递进，从两个人的合作到小组合作到所有人的合作，人数不断增多；其次是难度不断地增强，有益于引发幼儿的思考。

34. 好玩的木头人

活动设计：李晓虹、曹玉婷　　点评专家：伍香平
幼儿园：湖北省荆州市机关幼儿园

设计意图

建构游戏是我班幼儿乐此不疲的游戏活动。一次偶然的机会，我在一个童装店里看到几个被丢弃的木头模板，看起来像一个个形象生动的"木头人"，而它身体的各个部分可以拆卸和拼装，很有意思。如果以"木头人"为素材，设计一些有趣的合作游戏，让幼儿在游戏活动中探索合作的方法、感受合作的重要性、体验合作的快乐，岂不正好顺应了幼儿的兴趣和发展需要吗？于是，"好玩的木头人"这一活动应运而生。

活动目标

（1）在游戏活动中，有一定的解决问题和动手操作的能力。

（2）感受合作的重要，探索合作的方法，体验合作的快乐。

活动准备

（1）知识经验：活动前幼儿已学习了拧螺丝的方法。

（2）物质材料：贴有数字标记的木头人拼装部件，分别装饰成红、黄、蓝、绿色的"小树"四棵，衣服四套，两段视频片段。

活动过程

1. 律动导入

带领幼儿听音乐进入活动室,引发幼儿参与游戏的兴趣。

师:"小朋友们听,欢快的音乐响起来了,咱们一起跳起来吧!"

2. 按颜色分组

(1)场地上四个角落各放着一棵小树。请幼儿按照自己的意愿,选择不同颜色树上的叶子作为标记戴在手腕上。选择一样颜色标记的幼儿分在一组。

(2)请幼儿按红、黄、蓝、绿四队站好,为后面的合作游戏做好准备。

3. 搬运木块

(1)介绍游戏名称,引起幼儿参与游戏的兴趣。

师:"今天,老师要请你们四个队来玩'搬运木块'的游戏。想参加吗?"

(2)讲解游戏规则。

师:"你们看(引导幼儿看摆放在场地前面的木头人拼装部件),这些就是需要搬运的木块。在这些大大小小的木块上有不同颜色的标记,等会儿就请你们把所有与自己手上的标记颜色相同的木块搬运到自己队的小树旁。看哪个队搬得最快,放得最轻。准备好了吗?那就开始吧!"

(3)评价幼儿"搬运木块"的情况。通过提问引导幼儿说一说搬运木块的方法,让他们感受合作的重要。

师:"这么快就搬运完了,你们真能干!我来问问红队,你们刚才搬了几块?搬了几次?你们组是怎么做的呢?大家一起搬,每人拿两块,只搬了一次就搬完了。看来,大家团结合作就能更快地完成任务!"

4. 拼装木头人

(1)引导幼儿观察木块上标记的数字规律。

师:"请你们仔细看看木块上面,发现了什么?"("数字")

师:"都有哪些数字?每个数字又有几个呢?"("两个")

(2)让幼儿自己探索木头人的拼装方法。

师:"这些木块可以拼成一个有趣的木头人。这些数字中就藏着拼装木

头人的方法，看哪组能先解开这个秘密，拼好木头人。"

（3）各队幼儿合作拼装木块，教师巡回指导，帮助幼儿建立合作意识。

师："还有一个小小的要求，等会儿请每个队把完成的作品挂在支架上，然后抬到前面来放好，所有的队员都回到自己队的位置，就算完成任务了。哪个队拼得又快又好，就奖励一张笑脸娃娃！有信心完成任务吗？"

（4）展示评价各队拼装的作品，分享探索方法和合作经验。

师："请最快拼好木头人的队来说说你们是怎么拼的？其他队的小朋友也是这样做的吗？"

师："每个队的小朋友都完成了。看，木头人开心地对我们笑呢！你们高兴吗？我们来玩个木头人的游戏吧！"

5. 装扮木头人

（1）与幼儿共同观看经装扮后的木头人视频，激发幼儿装扮木头人的兴趣。

（2）分别请两名幼儿为木头人穿上不同类型的衣服，引导幼儿观察发现问题，体验合作的重要，并讨论解决问题的办法。

（3）引导各队幼儿讨论、协商，进一步探索合作的方法，分工合作装扮木头人。

师："听起来，这些主意不错。大家要相互配合才能把木头人打扮得漂亮起来。这里给每个队的木头人都准备了一套衣服，有上衣、裤子，还有帽子，穿起来更复杂了。你们在给木头人穿衣服的时候，要商量一下，想想怎么分工。现在就请你们来试一试吧！看看哪个队装扮得又快又漂亮。"

（4）展示评价各队装扮好的木头人，组织幼儿小结合作经验，充分体验合作的快乐。

6. 与木头人共舞

师："木头人这么漂亮，都高兴地想跳舞呢！我们也和木头人一起跳起来吧！"

活动延伸

创造"小舞台"的场景，鼓励幼儿互相配合操作木头人，让木头人动起来，尝试表演木偶戏。

专家评析

本节活动的设计者具有发现的眼光。教师看到木头模板，马上就想到利用"木头人"来为幼儿开展教育活动，这种善于发现生活中有价值的素材来为幼儿园的教育工作服务的眼光是值得称赞的。

活动中搬运木块、拼装木头人、装扮木头人等几个游戏的设计，给幼儿提供了充分的动手操作的机会，符合幼儿发展的需要。蒙台梭利曾经说过："我动手了，我记住了。"幼儿只有实实在在地操作了，才会有真真切切的感受。在活动中，教师始终围绕着只有合作才能完成任务的活动主线，引导幼儿在快乐的游戏中主动探索合作的方法，感受合作的重要性，提升已有的合作经验。

教育就是要尊重幼儿的需要，给幼儿一个自我展示的空间，只有满足儿童的好奇心和探索欲望，幼儿才能获得真正的发展。陈鹤琴先生说过："所有的课程都要从人生实际生活和经验中来……"生活中"木头人"这样唾手可得的材料其实有很多，教师要做有心人，去发现利用它们，让生活中更多的材料能成为我们教学的资源。

35. 合作垒高

活动设计：吴卉、李春兰　评析专家：伍香平

幼儿园：湖北省孝感市 95829 部队幼儿园

设计意图

这学期开始，幼儿园为每个大班提供了一套实心积木，幼儿们非常喜欢玩。但是我们发现，他们都是自己玩自己的，有的幼儿边玩边拎同伴的积木，有的甚至把别人垒好的积木推倒，可见幼儿的合作意识、团队意识都非常差。针对此种情况，我们设计了"合作垒高"这一活动。

活动目标

（1）探索以小组为单位进行分工合作，提高合作交往能力。

（2）体验与同伴合作帮助小动物的快乐。

活动准备

（1）知识经验：幼儿有初步的测量和记录能力；幼儿对搭积木兴趣浓厚。

（2）物质材料：积木、尺子、纪录板、笔、音乐磁带、长颈鹿头饰、标志卡。

活动过程

1. 故事导入，激发幼儿用搭积木的方式帮助小动物的愿望

（1）教师有感情地讲故事。

（2）提问：小动物们无家可归了，我们怎么办呢？

2. 幼儿小组合作搭房子，体验游戏的快乐

（1）教师交代搭房子的要求：三人合作搭一栋房子。

（2）幼儿合作搭积木。

（3）集体讨论，教师将幼儿合作的情况记在记录板上。

3. 小组分工，记录房子的高度

（1）幼儿小组协商分工方法。

（2）小组成员履行职责，合作完成任务。

4. 幼儿搭高楼

（1）出示长颈鹿头饰，激发幼儿想搭建高楼的兴趣。

（2）幼儿小组操作，按时完成合作任务。

（3）讨论分工合作情况，体验合作帮助他人的快乐。

5. 活动结束

幼儿拿着记录板跳着快乐舞，表达合作成功的快乐。

专家评析

本节活动将幼儿的发展目标寓于活动的过程中，根据活动中的角色分工和任务搭配，潜移默化地引导幼儿进行合作。在活动中，选择的材料受到幼儿的欢迎，营造了一个以幼儿为主体、发挥幼儿自主性的氛围，使得幼儿在游戏中不知不觉地尝试小组合作、协商，通过小组之间的对比，幼儿也能观察到其他小组的活动，努力完成自己的任务，懂得了合作的意义，并在合作中体验到了快乐。

36. 蚂蚁搬豆

活动设计：谢芸、梅松竹　评析专家：伍香平
幼儿园：湖北省宜昌市幼儿园

设计意图

　　大班幼儿在生活中萌发了初步的合作意识，也具有愿意与他人合作的倾向，但让他们真正了解合作在生活中的重要性，学习与他人合作的方法，还需要教师的有效引导。游戏是幼儿进行社会学习的重要途径，在贴近生活的题材中学习，在游戏中学习，幼儿的参与自主性会更强，学起来也更容易。于是，我设计了以"合作"为主题的教育活动——"蚂蚁搬豆"。活动以游戏形式贯穿始终，为幼儿提供了一个宽松、自由的氛围，让幼儿通过观察、讨论、尝试，发现与他人合作的重要性，探索、学习不同的合作方法，体验、感受合作带来的成功的快乐。

活动目标

　　（1）积极主动地参与两人及多人合作游戏，体验、感受与同伴游戏及成功的快乐。

　　（2）探索并学习协商、分工、谦让、讲顺序等不同的合作方法，懂得合作的重要性。

　　（3）通过观察、讨论、尝试，增强与同伴共同发现问题、解决问题的能力。

活动准备

　　歌曲《蚂蚁搬豆》，蚂蚁合作视频，玩具、报纸、篮子、带线乒乓球、雪碧瓶等若干，幼儿搜集的人们在生活中合作的照片、图片。

活动过程

　　1.歌曲导入活动

　　播放歌曲《蚂蚁搬豆》，导入课题。

2. 玩"蚂蚁搬豆"的游戏，初步体验、感受合作的重要性

（1）幼儿两人一组第一次玩"蚂蚁搬豆"的游戏。游戏要求两人肩并肩夹着豆子运到指定地点，运送过程中豆子不能掉在地上。

（2）通过观察两组幼儿的"蚂蚁搬豆"比赛，讨论游戏成功与失败的原因，知道在合作游戏中要互相商量、齐心协力、动作协调。

（3）幼儿再次玩"蚂蚁搬豆"游戏，两人一组尝试运用以上方法又快又好地运送豆子。

3. 合作实践，针对不同游戏探究不同的合作方法

（1）观看蚂蚁分工协作的视频，激发幼儿参与游戏的兴趣。

（2）玩游戏"踩垫子"，通过不断增加游戏难度，学习团结、谦让的合作方法。

（3）玩游戏"彩球出洞"，让幼儿通过讨论、尝试，观摩比赛，学习分工、协商、讲顺序的合作方法。

4. 谈话：合作真快乐

引导幼儿关注生活中需要合作的地方，鼓励幼儿在生活中与他人友好合作。

活动延伸

请幼儿自己去观察、发现并尝试在生活中与他人合作，探究更多的合作方法。

专家评析

本活动力图打破以往教师惯用的如谈话、参观讲述、看图等教学方式，以游戏为载体，注重幼儿的亲身体验，提供了一个让幼儿自由尝试、探究并学习如何与同伴合作的机会。活动选取了生活中常见的玩具、泡沫垫、乒乓球等作为材料，这样幼儿即使在本次活动中不能与同伴合作成功，在活动后也能非常容易地找到游戏材料，为他们继续探索提供了可能。

整个活动由初步体验、感受两人合作游戏，到多人合作游戏实践，最后引入对生活中与他人合作的关注。游戏参与人数由少到多，合作难度由低到高，步步深入，使幼儿在愉快的游戏中发现并解决出现的问题，体验成功的快乐。其中每个游戏看似独立，但又相互关联，前一合作方法对后一游戏有迁移的效果；游戏后幼儿都有讨论和反思，从中获得经验的提升。活动的重点不仅仅是让幼儿认识到合作的重要性，更主要的是让幼儿学习针对不同的问题运用不同的合作方法，在以自己为主体的环境中，大胆地投入活动，在合作交往、分析问题、语言表达等方面得到发展。

37. 家乡的特产

设计教师：钟灵丽　　评析专家：陈刘芳

幼儿园：湖北省武穴市直属机关幼儿园

设计意图

每到春天，我班许多幼儿会请假跟随爸爸妈妈一起去外地游玩，再入园时会带来一些当地的土特产（主要是美食）跟同伴一起分享，孩子们吃得津津有味。通过同伴和老师的介绍，他们也知道了北京的特产有烤鸭、果脯，南京的特产有牛皮糖，天津的特产有麻花，上海的特产有五香豆等。当我提问："我们的家乡武穴有哪些特产呢？"幼儿们七嘴八舌地说开了："酥糖是不是呀"、"小王子蛋糕是不是呀"、"烤红薯是不是呀"……我发现孩子们对武穴特产这个话题很感兴趣，但并不知道武穴有哪些特产。于是，我设计了本次活动，旨在引导幼儿通过看、尝、议、夸、画等活动了解家乡的土特产，激发幼儿热爱家乡的感情，进而培养幼儿的表达能力、观察能力。

活动目标

（1）了解家乡的土特产。

（2）萌发爱家乡的情感。

活动准备

武穴的各种土特产实物及 PPT 图片。

活动过程

1. 出示实物，激发兴趣

出示武穴特产的实物，如酥糖、云片糕、龙须酥等，提问："这是什么？你见过吗？"通过讨论，引发幼儿的回忆，激发他们参与活动的兴趣。

小结：这些都是我们家乡武穴的特产。

2. 品尝特产，抒发情感

（1）提问："现在请小朋友们尝一尝家乡的特产，吃完了说说是什么味道？"

（2）提问："我们的家乡有那么多好吃的特产，你心里有什么感受？"引导幼儿抒发心中的自豪感，感受家乡的美好。

3. 自由讨论，拓展思维

（1）师："除了这些，你还吃过哪些武穴的特产？是什么味道？"幼儿自由讨论，说出武穴的其他特产，如山药、龙坪油面、大金板鸭、百元生姜等。

（2）师："武穴的特产除了这些有特色的食品外，还有哪些物品？"教师结合PPT图片，重点介绍章水泉竹器以及它的传承与发展。

4. 玩游戏，夸夸家乡

（1）齐念儿歌："江城武穴我的家，远方的朋友快快来，我来当个小导游，带你去吃好东西。吃什么？"教师说："带你们去吃酥糖。"幼儿齐说："哟，不错，不错，真不错！"

（2）玩"我是小导游"的游戏，帮助幼儿巩固对家乡特产的认识。

活动延伸

师："请小朋友把自己吃过的、用过的武穴特产画出来，为它们做做广告，让更多的外地人知道吧！"

专家评析

"家乡的特产"这个活动是从幼儿的日常分享活动中生成的，活动内容来源于幼儿的生活，符合幼儿的兴趣，是幼儿生活中真实的事和物，符合《纲要》倡导的精神。

活动在教具准备上较充分，恰当地采用了幼儿身边的材料，创设了有效的教育环境，同时合理地使用了多媒体教学手段。

活动内容的选择与目标具有一致性、可操作性。如果能在目标的制订上更突出重点，比如对章水泉竹器的了解，将会使目标具有明确的指引性，活动重点更加突出。

在活动过程中，通过说特产、尝特产、议特产、夸特产、画特产这一系列活动让全体幼儿都主动地参与其中。游戏"我当小导游"把整个活动推向了高潮，让幼儿在认识家乡特产的同时伴有愉悦、快乐的情绪，使幼儿在情感方面获得良好的体验。

38. 无烟城市

设计教师：吴丽芳　　评析专家：陈刘芳

幼儿园：湖北省武穴市直属机关幼儿园

设计意图

本次活动通过谈话、看视频、看图片等方式，让幼儿知道抽烟是一件有害身体健康的事情，同时了解抽烟对环境的危害。

活动目标

（1）了解吸烟对人们健康的危害。

（2）了解吸烟对环境造成的危害，具有一定的环保意识。

活动准备

有关禁烟的视频和图片。

活动过程

1. 谈话活动，激发兴趣

提问：你们身边有谁抽烟？你觉得抽烟好吗？为什么？

2. 观看视频，感受吸烟的危害

（1）提问：你看到了什么？（"肺变黑，最后生病了"）是什么原因导致这样的事情发生的？（"吸烟"）

（2）小结：吸烟会损害自己的身体，危害他人的健康，还会污染环境。

3. 看图片，感受吸烟给环境造成的危害

（1）教师出示医院图片，提问：能在医院吸烟吗？（"不能，对病人恢复健康有影响"）

（2）教师出示加油站图片，提问：这是我们城市的什么地方？加油站里能吸烟吗？（"不能，吸烟会引起汽油爆炸"）

（3）教师出示书店图片，提问：你喜欢城市的书店吗？书店里能吸烟吗？（"不能，会引起火灾"）

（4）出示幼儿园图片，提问：这是什么地方？幼儿园里能吸烟吗？（"不能，会影响小朋友的健康成长"）

（5）小结：我们的城市多么美丽！吸烟会给我们的城市带来这么大的危害，我们应该怎么做呢？（"禁止吸烟"）

4. 鼓励幼儿以多种方式宣传禁烟

提问：我们该用什么方式告诉大家不要吸烟？（"制作禁烟标志"；"画出吸烟的危害"；"做小小广播员，宣传吸烟的危害"等）

活动延伸

鼓励幼儿向周围的人宣传香烟的危害，劝告身边的人戒烟、爱护环境。

专家评析

"无烟城市"这一教学活动的设计意图是让幼儿关注生活中的吸烟现象，懂得吸烟是一件有害身体健康的事情，也会给环境带来危害，让幼儿做生活中的有心人，向身边的人宣传吸烟的危害。

在活动设计中，教师通过谈话、看视频等多种教学手段，让幼儿了解吸烟危害身体健康，污染环境。教师依据教学中的关键点设计问题，引导幼儿联系生活，通过观察、思考、交谈获得有益的生活经验。

活动材料的准备也很充分、明确，因而较好地达成了预期目标。

建议：在活动过程的第四个环节，引导幼儿以小组的方式进行讨论，使幼儿在合作分享中，获取宝贵的同伴交往经验，增强表述能力。

39. 表情畅想曲

设计教师：艾焰　　评析专家：王敏
幼儿园：湖北省应城市实验幼儿园

设计意图

　　由于年龄特点以及家长的溺爱，大部分大班幼儿以自我为中心，不懂得去理解他人的感受。针对这一现象，我设计了这一活动，意在让幼儿通过观察表情理解他人的心情，从而减少幼儿在活动中的矛盾纠纷，学会更好地与同伴相处，为以后的游戏交往奠定基础。

活动目标

　　（1）认识不同的表情，能准确地说出开心、生气、伤心等表情。
　　（2）可以通过表情了解别人的心情。
　　（3）提升表达与交往能力。

活动准备

　　（1）物质材料：多媒体课件，各种空白表情面具（与幼儿数量等同），勾线笔（与幼儿数量等同）。
　　（2）环境创设：让幼儿坐成半圆形，教师操作台布置于前方。

活动过程

　　1. 以《表情歌》导入
　　师："小朋友们，你们好！老师见到你们真高兴，我们一起来做律动吧！"
　　2. 观看课件
　　（1）师："小朋友们的律动做得真好，现在请你们去找个位子坐下来吧！今天，老师带来了几位小客人。看，他们来了。"（出示开心的喜羊羊图片）
　　师："这是谁呀？它的脸上是什么表情啊？你们是怎么看出来的？一起来学学它的表情吧！猜猜看什么事让它这么开心呢？"（幼儿自由交流）
　　师："我们听听客人是怎么说的。"（播放课件声音：今天，我在羊羊运动会上得了第一名，我好开心呀！）

（2）师："哦，原来是这样啊！我们一起为喜羊羊鼓鼓掌吧！看，那位小客人怎么气呼呼地过来了？"（出示生气的沸羊羊）

师："它是谁呀？它的脸上是什么表情呢？你们是怎么看出来的？一起来学学它的表情吧？猜猜看什么事让它这么生气呢？"（幼儿发表自己的看法）

师："听听客人是怎么说的。"（播放课件声音：哼，灰太狼抢走了我的拳击手套，我好生气呀！）

（3）师："嗯，灰太狼这样做真的很不对。我们能不能向它学习啊？咦，这位小客人是谁呀？"（出示哭泣的懒羊羊）

师："它的脸上是什么表情啊？你们是怎么看出来的？一起来学学它的表情吧？猜猜看什么事让它这么伤心呢？"（幼儿自由讨论）

师："听听客人是怎么说的。"（播放课件声音：呜，我生病了，不能和小羊们一起上学，我好伤心呀！）

（4）教师小结：哦，难怪懒羊羊哭得这么伤心了，懒羊羊以后可要注意身体哦！小朋友们，羊羊们脸上的笑、生气、哭，有一个共同的名字，叫表情。

3. 续编故事《碰碰船》

（1）师："小朋友们，羊羊里面最爱美的是谁啊？（"美羊羊"）咦，怎么没有看到它呀？我们去找找吧！（点击课件）哦，找到了没有？美羊羊在哪里呀？还有谁跟它一起在划船啊？（"喜羊羊"）哦，它们看到碰碰船可高兴了，喜羊羊开着碰碰船到处乱碰，突然撞上了美羊羊的碰碰船，喜羊羊好开心啊！哈哈哈地笑个不停，可是美羊羊会是什么样的表情呢？"

（2）集体讨论，引导幼儿说出自己的选择，并说说为什么。

（3）师："有谁愿意上来帮它选一个表情呢？"（幼儿自由选择表情图）

师："哦，你帮它选了这个表情啊，猜猜看后来怎么样了呢？"（幼儿根据所选表情图讲述故事结尾）

4. 玩表情游戏

师："小朋友们的想象力真丰富！我听村长说羊羊们特别想看我们这里的电视节目，我们陪它们一起看看吧！（播放课件）小朋友们看，这是什么节目啊？(《智慧树》)我们站起来跟着里面动一动吧！"

师："小朋友们的表情真丰富哦！请小朋友们回到自己的位子上。刚才老师将大家的表情都用相机拍下来了，我们再看看小朋友们自己的表情吧！"

5. 讨论：你最喜欢什么表情

师："宝贝们真是太可爱了，你们的脸变得真快，在你们变脸的过程中，有一种表情我最喜欢，你们猜是什么。对了，是高兴的表情。我们能够从别人的表情中知道别人的心情。别人高兴能带给我们高兴的心情，我们高兴也能带给别人高兴的心情。所以，小朋友们每天要高兴地来上幼儿园啊。小朋友要高兴地向老师问好，高兴地和妈妈说再见，和小朋友们高兴地做游戏，你们说好吗？"

6. 制作表情面具，参加化妆舞会

师："小朋友们，今天客人们玩得可开心了，它们邀请我们到青青草原去参加化妆舞会，你们想去吗？参加化妆舞会必须戴着美丽的面具哦，老师这里有一些面具，可是上面没有画上表情，我们自己动手来画上各种各样的表情吧！"引导幼儿动手制作表情面具。

师："我们戴上面具，去参加化妆舞会喽！"

活动延伸

（1）本园教育活动延伸：在区域活动中，让幼儿画表情，戴着表情面具表演舞蹈。

（2）家庭教育活动延伸：请幼儿回家观察爸爸妈妈的表情，通过他们的表情猜测他们的心情。

专家评析

本次活动通过合理地使用多媒体教学手段，为幼儿创设了有效的教育环境。活动环节的设计动静交替、重难点突出，为目标的达成打下了良好的基础。第一个环节中，通过让幼儿看羊羊们的表情，引导幼儿猜想它们为什么会有这样的表情，让幼儿很快地投入到活动中。第二个环节的续编故事中，美羊羊的表情没有直接表现出来，教师发挥幼儿的主观能动性，

请幼儿自由猜想，留给幼儿一个自由想象的空间。幼儿通过讲述能体会到成功的喜悦，懂得可以通过表情知道他人的心情。接下来的游戏和讨论环节，巩固了幼儿对表情的认识，知道了笑是最好看的表情，应该保持愉快的心态。最后一个环节中，幼儿通过添画自己喜欢的表情来进一步地加深对表情的认识，为整个活动起到了推波助澜的作用。

40. 好玩的"连接"

设计者：王荣　评析专家：陈刘芳

幼儿园：湖北省宜昌市卫生幼儿园

设计意图

"连接"在我们的生活中无处不在，连接本身就有无数个可以挖掘的教育点。针对班级幼儿的实际需要，我以"连接"的好玩性为出发点，以身体连接作为切入点，挖掘社会领域的价值。

本活动让幼儿通过与同伴合作探索舒服、牢固、安全的身体连接方式感受"连接"的快乐，通过游戏活动的互助需要体会"连接"的力量，通过生活中的身体连接感受"连接"的温暖，让幼儿真正了解身体连接的必要和重要，会正确地进行连接，并愿意通过连接解决生活中的问题，从活动中体会到团结互助和相互关爱的情感。

活动目标

（1）了解身体可以进行多种方式的连接。

（2）提高合作、沟通、探索的能力。

（3）体会连接的乐趣及同伴间互助、关爱的情感。

活动准备

报纸若干；生活中身体连接的图片。

活动过程

1. 玩连接游戏，引起探索兴趣

（1）引导幼儿边说儿歌，边玩游戏。儿歌内容如下：

你拍手，我拍手，你的手拉我的手，我们的小手连一连（拉）。

你摸脸，我摸脸，你的脸贴我的脸，我们的小脸连一连（贴）。

你摇头，我摇头，你的头靠我的头，我们的脑袋连一连（靠）。

（2）提问：刚才游戏中我们把身体的什么地方连接起来了？想想我们的身体还有其他部位可以连接吗？

2. 探索更多的富有创意的身体连接方式

（1）鼓励幼儿两人一组尝试一下，看看身体还可以怎样连接。

- 让同伴感受不舒服、不被认可的连接。
- 不安全的连接。
- 不牢固的连接。

（2）再次尝试找出安全、牢固、让同伴认可的连接方式。

3. 出示生活中身体连接的图片，了解"连接"的不同作用

（1）出示图片："消防员手牵手救助洪水中的人"、"一群人推动陷在雪地里的汽车"、"天气寒冷一群人相互靠在一起取暖"。

提问：他们在干什么？他们之间有"连接"吗？

小结：身体的连接让我们更团结、更有力量。

（2）提问：生活中，你们还见过哪些类似的连接？

（3）师："你们知道吗？除了我们的身体可以连接，我们的心也可以连接。你们想想我们的心可以和谁连接？（"自己关心的人"）用什么方式连接呢？（"拥抱"、"打电话"）好，今天就让我们一起来心连心吧！（幼儿和幼儿、教师和幼儿拥抱在一起）

活动延伸

（1）教师可以利用社区资源，组织幼儿开展"心连心"的捐助活动，帮助一些需要帮助的弱势群体。

（2）班级可以开展"温暖连接你我他"活动，开辟一个区域，让幼儿们通过绘画的方式记录班级内的好人好事。

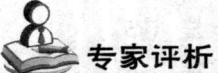

来源于幼儿实际生活的活动最容易激发幼儿的兴趣，也能够使幼儿积极主动地参与。"好玩的连接"从幼儿的身体出发，探究不同方式的连接，很好地引起了幼儿的兴趣，为活动打下了良好的基础。

活动步骤清晰、连贯，可操作性强。首先，让幼儿从身体的好玩"连接"逐渐过渡到生活中相互帮助的"连接"；其次，通过看图片和同伴的讲述，了解到生活中到处都有需要帮助的连接。这些生活中让人感动的连接画面，增强了幼儿对连接作用的进一步理解，让幼儿从不同的角度懂得了团结互助的力量。课后的延伸活动则激发了幼儿的社会责任感和主人翁意识。

41. 你快乐，我快乐

设计教师：张华　评析专家：伍香平
幼儿园：湖北省襄阳市直属机关第一幼儿园

设计意图

　　为了让互帮互助这一传统美德在幼儿的心里生根发芽，加强幼儿团结互助及社会公德意识的培养，我选择了"你快乐，我快乐"这节社会活动。本活动会让幼儿知道每个人都会遇到许多的困难，如果大家互相帮助，就能解决困难；帮助了别人，不仅给别人带来快乐，自己也会很快乐。

活动目标

　　（1）知道每个人都会遇到困难，乐意帮助别人。
　　（2）能用适当的方法帮助他人，并能感受到其中的快乐。

活动准备

　　公益广告片《洗脚》、《回家》、《关爱别人，快乐自己》的视频，情境表演用的道具，《让座》的音乐。

活动过程

1. 观看视频

　　（1）组织幼儿完整地观看视频后，提问：你看到了什么？里面发生了哪些事？（幼儿根据回忆简单地讲述视频内容）

　　（2）逐个视频讲述。教师应注重引导幼儿关注人物的心理变化，在适当的位置暂停，让幼儿大胆地猜测、讲述。

　　①播放第一段视频《洗脚》的公益广告，提问：小哥哥做了什么？说了什么？妈妈的心情会怎样呢？为什么？

　　②播放第二段视频《回家》的公益广告，提问：这是在哪儿？发生了什么事？小姐姐为什么唱歌？这时她在想什么？老爷爷为什么说"都回家了，都回家了"？故事中的老爷爷和小姐姐的心情怎么样？为什么？

　　③播放第三段视频《关爱别人，快乐自己》，提问：发生了什么事情？

大家都是什么样的心情？

④播放第四段视频，提问：这个片子里有哪些事情，大家是怎么帮助别人的？他们各自又是什么样的心情呢？

小结性提问：你看了这四个短片以后有什么样的感觉？

小结：在生活中，每个人都会遇到许多的困难，但如果你能帮助他，他能帮助别人，大家互相帮助，就能把困难解决掉。一个人帮助了别人，不仅能给别人带来快乐，自己也会很快乐。

2. **情境表演**

（1）师："这四个短片，你最喜欢哪个？为什么？"

（2）请幼儿表演自己喜欢的视频内容。

3. **联系日常生活，讲述帮助别人的经历和感受**

（1）师："在生活中，你帮助过别人吗？"

（2）师："你为什么乐意帮助别人？"

（3）师："别人帮助过你吗？你得到了帮助是什么样的感觉？"

小结：原来帮助别人不仅会给别人带来快乐，也会让自己变得快乐。如果所有的人都互相关心、互相帮助，我们的生活一定会非常快乐、非常幸福。你们愿意把爱送给其他人吗？你们也一定是快乐而幸福的人！

4. **以歌表演《让座》结束活动**

专家评析

"你快乐，我快乐"这节活动选材恰当，符合大班幼儿的年龄特点，目标明确，层次清晰，让幼儿通过活动懂得了怎么去感恩，学习了力所能及地帮助别人的方法。整个活动非常具有吸引力，关键就在于教师充分收集、利用了身边的优秀资源，通过四段视频资源的播放，生动直观地引发了幼儿对助人为乐的思考，在视频播放过程中，教师设置了一些简洁明了的问题，引导幼儿进行充分的交流，并在交流中积累起与活动主题紧密联系的经验。为了检验幼儿的认识情况，教师又设置了一个小情境，让幼儿进行表演，由此加深幼儿对本主题活动重点内容的认识，并力图引导幼儿将认识转化为自身的行为。

建议：一是在活动素材的使用上，应突出本节活动的重点。四段视频的侧重点是不一样的，有的是主动帮助别人，有的是学习理解他人。建议教师在使用中应突出重点导向，不要追求大而全；二是在活动延伸中，请家长配合，让幼儿在家里为家长们做一件力所能及的小事，由家长记录下来，幼儿在班上进行交流，引导幼儿在生活中进行行为模仿，巩固提升习得的经验。

42. 我们一起来节约

设计教师：程成　评析专家：王敏
幼儿园：湖北省宜昌市卫生幼儿园

设计意图

节约是我们的传统美德，但现在的幼儿生活条件普遍优越，节约意识不强，无法理解身边的一针、一线、一滴水、一度电都是来之不易、弥足珍贵的。我设计此次活动，希望通过图片展示、Flash动画观看、动手操作等形式引导幼儿养成节约的良好习惯，学习正确的节约方法并懂得节约的意义。

活动目标

（1）知道身边的物品都是来之不易的，逐渐理解节约的意义。

（2）具有节约的意识，能按需取用，能尝试不浪费日常生活中的各种物品。

（3）乐意参与废物利用的活动，体验节约行动的快乐。

活动准备

（1）知识经验：幼儿在家询问大人节约的小妙招。

（2）物质材料：有关节约的图片，废弃的牙膏、小肥皂块、牙刷、丝袜若干，小抹布，古诗《悯农》的Flash动画，幼儿浪费粮食的视频。

活动过程

1. 观看古诗《悯农》的 Flash 动画，引出话题

（1）播放 Flash 动画，提问：小朋友们都听过这首古诗吧！那谁能告诉我这首诗讲的是什么意思呢？（"告诉大家粮食来之不易"）

（2）师："大家都很聪明，都知道这首诗的意思。现在我们要看一段视频，看完后大家要告诉老师你发现了什么？"（播放幼儿浪费粮食的视频）

（3）师："请告诉我你发现了什么？"（"桌子是脏的"；"哥哥姐姐们浪费粮食，饭没吃完就走了"）

（4）师："小朋友们观察得非常仔细！哥哥姐姐们把没有吃完的饭菜丢在了桌子上，确实很浪费！农民伯伯们这么辛苦地锄地、除草、施肥种出来的粮食就这么白白浪费掉了很可惜。你们在生活中还发现了哪些浪费的行为？"（幼儿自由讨论各种浪费行为，比如水龙头不关；白天开灯浪费电等等）

2. 看视频，了解浪费带来的严重后果

师："原来生活中有这么多的浪费行为，这些浪费行为给我们的地球妈妈带来了痛苦。"（播放各种浪费造成严重后果的视频）

小结：浪费会造成这么多严重的后果，太可怕了。所以，我们要节约每一滴水、每一度电、每一张纸。从今天起，我们就要互相监督，让我们的地球妈妈笑起来。

3. 动手操作，废物利用

（1）师："在我们的身边，有许多浪费的现象。你们看！（出示废旧牙膏）这是一支被主人丢弃的牙膏。主人说牙膏已经用完了，可是它扁扁的身体里还留着许多牙膏。谁能帮帮它，把牙膏挤出来？"

（2）幼儿尝试使用多种方法挤出剩余牙膏，教师观察指导幼儿。比如，教师指导能力强的幼儿尝试使用小工具，引导能力中等的幼儿使用推、卷等多种方法挤出剩余的牙膏，鼓励能力弱的幼儿向同伴学习，并教育所有的幼儿耐心操作。

（3）师："我们的小手真能干，原来被我们丢弃的牙膏管里还有这么多可以使用的牙膏呀！那这些牙膏可以做什么用呢？（用废弃的牙刷蘸上牙

膏刷一双脏了的皮鞋，鞋子变得又干净又漂亮）这就叫废物利用。"

（4）师："牙膏除了能刷牙，还能洗脏东西呢。现在小朋友们也来让牙膏给我们的鞋子和玩具洗洗澡吧！"（让幼儿擦拭自己的鞋子和脏玩具）

（5）师："我们的小手真能干，那大家知道我们的生活中还有什么东西可以这样被再次利用吗？"（"鞋油"、"洗洁精"、"充电电池"……）

4. 学习节约小妙招

（1）师："老师让你们在家里询问家人，问问他们都知道哪些节约小妙招。现在，让我们来分享一下。"组织幼儿讨论、大胆交流自己得到的小妙招。比如淘米的水可以用来浇花；太阳能热水器可以节约能源；买东西用可以重复使用环保袋，等等。

（2）师："小朋友们寻到了这么多的节约小妙招，那老师也告诉你们一个小妙招吧。"出示小肥皂块，并告诉幼儿这么小的肥皂块经常被人丢弃，因为它们太小不好用，然后出示一只废弃的丝袜，把小肥皂块都装进去，并系好挂起来。

师："这些小肥皂聚集到了一起，又可以方便我们使用了。"

活动延伸

引导幼儿认识环保节能的标志，知道按这些标志购买、使用环保节能产品；还可引导幼儿在需要节约环保的地方张贴小标识，提醒人们节约。

专家评析

引导幼儿从小爱护环境、珍惜资源、学习节约是幼儿教师的职责。"我们一起来节约"从幼儿生活中浪费水、浪费粮食现象入手，以小见大，贴近幼儿的日常生活，容易和幼儿产生情感共鸣。

活动过程注重幼儿的主动思考，通过古诗动画、DV短片、实际操作等多种手段让幼儿了解浪费是一种不好的行为，知道正确的节约好方法，并让他们理解节约的意义，建立节约的观念，树立节约的意识，养成节约的好习惯。

活动设计注重了幼儿已有知识经验的储备。通过家园合作，让幼儿在活动前了解一些简单实用的小妙招，充分调动了家园互助的能动性，为接下来的教学活动打下了良好的基础。幼儿在小组合作中大胆讨论、交流已知经验，借鉴他人的经验，学会理清和表达自己的见解，学习相互接纳、赞赏与互助，有利于幼儿的协作精神养成。当然，如果幼儿能将自己的小妙招用图片、DV、画画等不同的方式记录下来，在和别人交流时会更具有说服力和表现力。

43. 一封信

设计教师：黄惠敏　　评析专家：王敏
幼儿园：湖北省武汉市直属机关育才第二幼儿园

设计意图

现代通信工具越来越先进，人与人之间的交流、沟通也越来越便利。但是，高科技产品给人类带来便利的同时也改变了原来的交往沟通方式，有人因此说这是一个"言而无'信'"的时代。不过，本人认为，书信具有其独特的价值，这是现代通信手段所无法取代的。为了让幼儿了解这种通信方式，知道邮局的作用，了解寄信、收信的简单过程，丰富幼儿人际交往的方式，我特意设计了本节活动。

活动目标

（1）了解写信是一种通信方式。
（2）知道邮局的作用，了解寄信、收信的简单过程。
（3）理解父母写给自己的信，体会父母对自己的爱。

活动准备

（1）知识经验：请每位家长给自己的孩子写一封信，并带孩子到邮局寄信，在寄信的过程中使孩子对信封、邮票、邮局有初步的了解。
（2）物质材料：家长写给孩子的信，《邮局》、《送信》的视频。

活动过程

1. 提问引出话题

（1）师："这几天，××小朋友的爸爸出差了。他的爸爸可想他了，大家有什么办法帮帮他？"（幼儿讨论）

（2）师："除了打电话、上网，还有别的方法吗？"

教师出示一封信，并小结：写信也可以把自己的心里话说出来。

2. 观看视频

（1）组织幼儿观看视频《邮局》。

师："这是什么地方？你从哪里看出来的？"引导幼儿认识邮政的标识。

师："人们到这里来都做什么呢？"

（2）组织幼儿观看视频《送信》，帮助幼儿了解寄信、送信、收信的简单过程。

3. 读信

（1）选择3～5封家长写给孩子的信，念给小朋友们听。

师："听了爸爸妈妈写给自己的信，你们心里有什么想法？你们有什么话要说吗？那用什么方法让爸爸妈妈知道你们想说的话呢？"

（2）师："你们也想写信，那下次活动，我们就来给爸爸妈妈写一封信，好吗？"

活动延伸

（1）本园教育活动延伸：讨论写信的格式，让幼儿用绘画的形式给爸爸妈妈写信，增进幼儿爱父母的情感；然后，将信在幼儿园外墙上进行展示，让家长也来分享。

（2）家庭教育活动延伸：请家长和幼儿一起给自己远在外地的亲朋好友写信，进一步帮助幼儿了解写信的方式。

专家评析

本活动把逐渐被现代通信手段挤于边角、被人们淡忘冷落的"书信"引申出了新意。活动以认识信的功能、了解邮局职能为切入点，让幼儿清

楚写信、寄信、送信、收信的过程，同时进入实践操作，由读信到引导幼儿写（画）信，较为全面和恰当地传达给幼儿关于"信"的信息：一是书信是通信方式，通过邮局来寄送；二是书信是亲朋好友情感的"传输带"；三是书信有其独特的不可替代的作用。

活动也搭建起亲子沟通的平台。幼儿识字不多，提笔写信尚需时日，但在听信、画信、寄信的时候，幼儿们的心里是牵挂、温暖而喜悦的。家长静下心来给自己的孩子写下充满爱的文字时，也是一种期盼、一种希望、一种幸福。可见，一封信既开阔了幼儿的视野，扩展了幼儿的知识，又是沟通的桥梁、爱的纽带。

如果一个活动设计能够把知识传递与幼儿的生活实际相结合，寓教于游戏之乐，寓教于实地体验，寓教于亲子之情，那么它肯定是优秀的活动设计。

44. 家乡幼儿讲变化

设计教师：向斌兵、孙琼　评析专家：王敏
幼儿园：湖北省宜昌市城建幼儿园

设计意图

2013年是推进宜昌现代化特大城市建设"三年出形象，五年成规模"的起步之年。因此，我充分利用社会资源，采用幼儿感兴趣的竞赛游戏形式设计了此活动，旨在引导幼儿实际感受家乡的变化和发展，激发幼儿爱家乡的情感。

活动目标

（1）以竞赛的形式感受家乡宜昌的变化和发展。

（2）萌发爱家乡的情感。

（3）具有集体协作意识，能自觉遵守游戏规则。

活动准备

（1）知识经验：活动前开展了"三峡幼儿爱三峡，三峡幼儿讲三峡"主题活动，幼儿已对家乡宜昌有一定的了解。

（2）物质材料：竞赛所需物品，"爱三峡宜昌，讲家乡变化"大型图片展板。

活动过程

1. 律动进入教室

师幼伴随音乐跳着欢快优美的巴山舞进入教室。

2. 观看展板，感受家乡变化

（1）师："孩子们，我们班上围绕'三峡幼儿爱三峡，三峡幼儿讲三峡'开展了主题活动，你印象里家乡最大的变化是什么？"

幼儿自由讨论。

（2）师："看来，小朋友们了解三峡宜昌的不少知识。瞧！今天老师还准备了'爱三峡宜昌，讲家乡变化'的主题展板，请小朋友边看边讲。"

幼儿自由参观，边看边讲。

（3）参观后提问：你们观看后心里是怎样想的？

（4）小结：我们的家乡宜昌不仅很美，而且在将来还会建设成为现代化大城市，我们每个小朋友应该怎样做呢？

请幼儿分组讨论，每组选一名代表发言。

3. "爱三峡宜昌，讲家乡变化"知识竞赛

（1）师："今天老师来考考小朋友，看看你们究竟知道多少三峡宜昌的知识？"

（2）教师介绍场上的竞赛小组分别为桔娃娃队、鲟鲟队、石娃娃队、土家娃娃队，幼儿自由选择参赛小组，手拿彩带，每组一人负责拿标志牌。

（3）介绍竞赛规则：本次竞赛分为3轮。第一轮为必答题，每队有2次答题机会，答不上来则由其他队回答，答对一题得1颗五角星；第二轮是游戏"我说你猜"，由教师和小朋友一起玩游戏。教师看题卡后不能说出上面任何一个字，只能用肢体语言以及与之相关的语言来表达，每组有1分钟答题时间，共3道题，答对1题得1颗五角星，犯规扣除1颗五角星；第三轮是抢答题，小朋友听题后迅速摇铃抢答。回答正确得1颗五角星，回答错误扣除1颗五角星。最后以五角星多的队为获胜队。

（4）竞赛开始，幼儿游戏。

（5）统计场上的比分，给获胜的队颁发礼物，以示鼓励。

（6）小结：小朋友们生在宜昌，长在三峡，是宜昌的小主人，从现在起就要好好学习，练好本领，将来把我们的家乡建设得更美、更现代化，让更多的人了解宜昌、喜欢宜昌，让"三峡·宜昌"的美名传遍世界。

专家评析

本活动以师幼跳起欢快优美的巴山舞为"聚光点"，在展示中引发幼儿兴趣，课堂气氛活跃；以观看"爱三峡宜昌，讲家乡变化"展板为"讲解器"，把教学过程设计成一次旅游观光的行程；以"爱三峡宜昌，讲家乡变化"知识竞赛为"压轴戏",掀起活动高潮,激发幼儿热爱家乡的美好情感和小主人翁意识。

设计亮点在于有跳、有看、有说、有赛、有评,有点有面,点面结合,既有社会性、审美性,更具实效性。幼儿爱家乡、立志好好学习建设家乡的情感萌芽,亦在才艺展示中树立了自信,增强了集体协作意识。

建议:要使知识充满活力,还需打破传统的课堂宣教模式,让幼儿走出去体验。当然,这需要社会、家庭的支持与配合。教师可以结合幼儿园开展的户外亲子活动,如登山、游园、环保等实践活动,使活动得以拓展延伸。

45. 地球招聘清洁工

设计教师:际红   评析专家:吴锦华

幼儿园:湖北省武汉市经济技术开发区薛峰幼儿园

设计意图

环保已经成为现代社会一个重要的课题,保护地球、保护环境是我们的当务之急。孩子是地球未来的主人,自然也应该从小就养成环保意识,保护我们赖以生存的地球。因此,我特地设计了此活动,希望幼儿具有爱护地球、保护地球的意识。

活动目标

(1)初步了解环保问题,懂得要爱护环境。

(2)了解动物在大自然中的清洁作用,知道有些动物可以保护环境。

活动准备

(1)知识经验:幼儿对环保有一定的了解,对动物的各种基本特征和生活习性有一定的了解。

(2)物质材料:电子白板课件。

活动过程

1. 地球公公的招聘广告

(1) 组织幼儿观看视频，认识地球公公。

(2) 播放人们污染地球的图片，感受开展环保工作的迫切性，探讨地球被污染的成因，并想办法帮助地球公公。

(3) 呈现"地球招聘清洁工"的广告（用图示的方法呈现，标题是"招聘启事"，标题下分两栏，左栏为招聘的岗位图画，如草原清洁工、海洋清洁工、陆地清洁工等；右栏留空，表示合适的人选待填）。

师："地球公公要招聘什么岗位？"

师："他要招聘的对象是谁？"

师："你们觉得哪些动物会来报名？我们一起来看看都有谁来报名了。"

2. 了解动物清洁地球的本领

(1) 出示动物图片，请幼儿讨论：地球公公会选谁？为什么？

(2) 播放视频，请幼儿观看动物清洁地球的本领。

(3) 师："你们刚才推荐的动物都有哪些本领？它可以做哪里的清洁工？"

3. 我们能为地球公公做什么

(1) 师："小动物们为地球的清洁做了那么多的贡献，那我们小朋友能为地球公公做些什么呢？"（幼儿自由发言）

(2) 教师出示图片，幼儿操作，引导幼儿从自己身边的小事做起，参与环保行动。

师："请把你认为应该做的事情或者应该使用的物品拖到绿色框里，认为不应该做或者禁止使用的物品拖到红色框里。"

(3) 播放地球变美丽的图片，幼儿欣赏。

活动延伸

组织幼儿开展"低碳生活从我做起"活动。

附：视频故事

地球公公招聘清洁工

地球公公要招聘清洁工人，动物们都抢着报名。

海鸥第一个报名，它说："我能把人们扔到海里的面包皮、剩菜、死鱼都吃掉，我来做海面的清洁工。"

鲫鱼接着说："我来做河里的清洁工，我会吃掉水虫、水草和垃圾。"

乌鸦说："别看我长得黑黑的，我能吃掉苍蝇下的蛆和脏兮兮的爬虫，我当地上的清洁工最合适。"乌鸦这一说，大伙儿才知道黑乌鸦还有这么大的本领。

长得很像老鹰的秃鹫从远方飞来说："草原上的动物病死了，我会把它们吃掉，我做草原上的清洁工最合适。"

秃鹫刚说完，蚯蚓细声细气地说："我能吃掉地下的垃圾，再把它变成肥料。我来做地下的清洁工。"

地球公公听了很高兴。他笑着说："哈哈！你们都有自己的本领，太好了。海面上、草原上、陆地上、江河里……处处都需要清洁工。你们个个都合格，都当我的清洁工吧！"

最后，来报名的动物，都当上了地球公公的清洁工。

专家评析

地球是我们共同的家园，爱护地球、保护地球，应从幼儿做起，从身边的小事做起。活动设计以幼儿为主体，从幼儿的认知特点和学习能力出发，围绕"地球招聘清洁工"的主线，情境导入地球被污染、环境被破坏亟待治理的现实问题，通过拟人化的故事情节，激发幼儿的求知欲，引导他们关注身边的环保问题，积极参与环保，凸显活动设计的价值和意义。

电子白板在活动设计中的运用，为幼儿学习搭建了生动直观的平台。比如对"地球公公"的认识、对动物清洁本领的展示以及环境污染的场面与美丽风景的对比，胜于语言描述，让幼儿充分地去看、去想、去说、去发现，有助于幼儿形象地理解环境问题。

建议： 应在设问与反思方面引入幼儿生活环境中的真实场景，如幼儿园的绿化工程、来来往往的车辆尾气排放、雾霾天的景象、在外吃早点时使用的餐具等，增强幼儿争当"环保小卫士"的决心。

46. 我是小记者

设计教师：王瑛　　评析专家：吴锦华

幼儿园：湖北省实验幼儿园

设计意图

大班幼儿积累了一定的生活经验，他们对周围的人和事，开始变得敏感起来，会关注，会和小伙伴讨论。

在一次自由活动中，有几个幼儿议论老师和爸爸妈妈。豆豆说："潘老师的本领真多，还会教我们功夫，我好喜欢他呀！"祥祥说："我妈妈还会陪我一起下围棋，可好玩啦。"曼曼说："幼儿园门口的保安叔叔为了我们的安全，好辛苦啊！"于是，我说："那你们去采访一下你们周围的人，看看他们还有哪些本领和有趣的事情。"于是，产生了此节活动，我希望引导幼儿了解"小记者"的职业，提升幼儿相互合作、相互交流的经验水平。

活动目标

（1）乐意与他人交往，体验"采访"的乐趣。

（2）扮演"小记者"，尝试从交谈中获得自己需要的信息。

（3）能分工合作完成"小记者"的采访任务，并大胆地与他人分享采访的过程。

活动准备

（1）知识经验：幼儿对周围的人和事有一定的了解。

（2）物质材料：报纸、彩笔、记录本若干，话筒，由矿泉水瓶制作的摄影机，背景音乐。

（3）环境创设：新闻发布会现场。

活动过程

1. 观察报纸，了解报纸的内容

（1）出示报纸，知道报纸的重要性。

师："这是什么？它有什么作用呢？"引导幼儿讨论得出：从报纸中，人们可以了解到许多自己没有亲自看到、听到的人和事，报纸在我们生活中很重要。

（2）看看报纸上有哪些内容。

师："报纸上，除了有你们说的这些内容，还有什么？你们去看看报纸吧。"

2. 认识"记者"，了解"记者"这个职业

（1）提问：报纸上的人和事都是怎么来的？（"记者采访得来的"）

（2）提问并组织幼儿讨论：记者都做些什么呢？采访时应带些什么？需要注意什么？问些什么问题？

（3）小结：记者的工作首先是发现新的信息源，再到目的地进行采访，然后将采访的内容写成文稿，最后再刊登在报纸上。

3. 亲身体验，扮演"记者"角色

（1）自由分组，明确分工。幼儿三人一组，一个人扮演"记者"采访，一个人负责跟踪拍摄，一个人负责做记录。

（2）请幼儿围绕"我要上小学了"、"家长访谈"、"教师心语"等主题进行采访。

（3）教师观察幼儿采访的情况，适时引导。

4. 举办新闻发布会

（1）幼儿交流采访的情况。

（2）举办新闻发布会活动，请幼儿代表说说采访的新闻人物和趣事。

活动延伸

将采访的内容制作成报纸，放在阅读区供幼儿阅读。

 **专家评析**

本节活动为幼儿搭建了一个互动、体验、交流、展示的平台，让幼儿在生活中感受新闻媒体的作用，体验记者的工作特点，并了解这种职业的价值，整个活动气氛热烈。

体验是整个活动设计的精髓。活动设计"外简内精"，教师对幼儿的尊重与信任、对活动过程的有序掌控，营造出民主平等、畅所欲言的氛围。幼儿自由组合、自己分工，快速进入"小记者"的角色，主动参与、大胆表达，共享成功的体验之旅。

建议：如果课堂时间有限，无法让全体幼儿进行新闻发布的话，可以请幼儿回家后以小记者的身份对家长进行新闻发布，充分满足全体幼儿的兴趣、需要。

43. 走进消防队

设计教师：刘小雪　评析专家：张静

幼儿园：湖北省武汉市百步亭直属机关曙光幼儿园

设计意图

消防队员对于幼儿来说是个既熟悉又陌生的名词。本次活动就是让幼儿了解消防员，了解他们的工作和生活，了解他们对我们生活的重要性，获得必要的消防知识和逃生技巧，激发对消防员的喜爱之情。

活动目标

（1）了解消防员叔叔的工作和防火的知识。

（2）对消防员叔叔产生喜爱和崇敬之情。

（3）能按要求有序地参加活动。

活动准备

提前与消防队取得联系，预约好参观的时间。

活动过程

1. 分组学习消防知识（9:30）

2. 参观消防队

参观消防队的生活环境与工作环境，以及救火时消防员所用的工具和装备。

3. 观看消防员叔叔的演习表演（10:30）

4. 玩游戏

（1）玩"穿消防服比赛"。

（2）玩"水带接力赛"。

5. 合影，共舞

（1）将大红花献给消防员叔叔，合影留念。（11:30）

（2）教师、幼儿、幼儿家长及消防员共舞《桃花朵朵开》和《疯狂大请客》。

 **专家评析**

《纲要》指出，应"引导幼儿接触和认识与自己生活关系密切的不同职业的成人，培养幼儿尊重不同职业人们的劳动。"同时，幼儿园也应与家庭、社区密切合作，综合利用各种资源，为幼儿的发展创造良好的条件。"走进消防队"活动就很好地利用了消防资源，通过让幼儿亲临现场、近距离观察、游戏等方式，让幼儿生动直观地体验了平时在幼儿园中难以获得的消防知识，激发幼儿自主、积极地去了解消防员的生活、工作和以及这种职业与我们日常生活的关系，在潜移默化中增长了必要的消防知识和逃生技巧。

现在很多幼儿园为了防止安全事故的发生，减少了幼儿进入社区活动学习的几率。让幼儿走进社会，是幼儿进行社会学习的最佳方式。希望各级各类幼儿园多开展类似的活动，使幼儿近距离地了解社会上更多的职业和为我们服务的人。

48. 我爱中国茶

设计教师：肖述玲　评析专家：苏彬

幼儿园：湖北省应城市商业幼儿园

设计意图

我的嗓子时常干哑，所以我常常泡茶喝。每次我泡茶，孩子们都会好奇地围上来观看，还会叽叽喳喳地讨论。"柴、米、油、盐、酱、醋、茶"被称作中国老百姓的开门七件事，可见茶是生活中的必需品，在中国人的生活中是非常重要的。所以，我设计了这次活动"我爱中国茶"，想让幼儿通过看、听、品、说等一系列活动，了解我们中国特有的饮品——茶，增进幼儿对传统文化——茶文化的情感。

活动目标

（1）认识茶叶的品种，乐于参与沏茶、品茶的活动，积极地与同伴交流分享。

（2）知道中国是盛产茶叶的国家，了解中国历史悠久的茶文化。

活动准备

（1）知识经验：幼儿已初步了解家中茶叶的名称及用途。

（2）物质材料：杯子若干，各种茶叶实物及图片，视频《茶艺表演》。

（3）环境创设：在生活区角创设"茶叶展区"。

活动过程

1. 参观茶叶展区

教师带领幼儿参观茶叶展区，边看边介绍茶叶，让幼儿了解中国茶叶的品种。

小结：中国茶的种类是非常多的，按颜色可以分为六大类：白茶、黑茶、绿茶、红茶、青茶、黄茶。

2. 了解中国历史悠久的茶文化

（1）听故事了解茶叶的来历。

教师有感情地讲述《茶叶的故事》，请幼儿认真倾听。

提问：第一个发现茶叶的人是谁？他是哪里人？

小结：中国的神农氏真了不起，是第一个发现和利用茶叶的人。现在，世界上喜欢喝茶的人越来越多，喝茶不仅能解渴，还能帮助消化、提神、解毒，茶叶的作用真多呀！

（2）观看视频《茶艺表演》。

导入语：中国的茶文化历史很悠久，四川、云南、北京、广东、湖北等许多地方都有独特的品茶方法。我们应城也有产茶的地方，如团山茶场、三合镇思鹏茶场等。

3. 认识茶叶的颜色、形状及大小

（1）让幼儿分组观察茶叶图片及实物，自由讨论。

（2）提问：刚才大家仔细观察了茶叶的外观，请每一组代表告诉老师你们看到的茶叶是怎样的？

（3）将冲泡好的茶叶水放到各组的展桌上，让幼儿观察茶水颜色。

（4）小结：看外形，茶叶有的尖尖的，有的一团一团的，有的像小饼一样；观察茶叶水颜色，有的水变成绿色，有的水变成红色，有的水变成黑色；闻气味，清香扑鼻。

4. 品茶活动

幼儿围成一个圆，由老师重现冲茶步骤，然后分发杯子，师幼一起品茶。

活动延伸

（1）本园教育活动延伸：在表演区，鼓励幼儿进行情境表演"小茶苗快快长"。

（2）家庭教育活动延伸：请有条件的家长带领幼儿参观茶园，观察茶树，帮助茶农们采茶。

 **专家评析**

这个活动选材特别好，作为幼教工作者，我们都应有让中国的传统文

化在孩子们身上传承下去的责任和意识。本次活动充分调动幼儿的各种感官，让幼儿在宽松、和谐的氛围中，在教师适当的指导下初步认识茶叶、了解茶文化。

整个活动，教师准备充分，活动环节简洁、明晰。幼儿已经从生活中积累了有关茶叶的初步经验，在教师创设的活动中，通过对茶叶的种类、形状、颜色、味道等的系统了解，全面提升了原有经验，并在泡茶、品茶的过程中，受到了茶文化的熏陶，对中国的传统文化——茶文化产生了浓厚的兴趣。本次活动还充分体现了以幼儿为中心的现代教育思想，幼儿在整个活动中都是主动的、积极的，他们的观察能力、思维能力和动手操作能力都得到了很大的提高。

建议：本节活动涵盖的内容比较多，建议设计成主题系列活动，比如活动一为参观茶园学采茶，活动二为参观茶厂学制茶，活动三为品尝茶叶学泡茶等。

49. 中国武术

设计教师：林莉、张海英　　评析专家：伍香平

幼儿园：湖北省黄冈市实验幼儿园

设计意图

　　近年来，一批优秀的动画片如《虹猫蓝兔七侠传》、《大英雄狄青》、《小哪吒》、《少年杨家将》等在少儿频道热播，故事中的主角身怀武艺、精忠报国、除暴安良，深深地吸引、打动着小朋友们。幼儿常不自觉地进行模仿、互相打斗，带来一些安全隐患。为了满足他们的好奇心和对中国武术的探索欲望，正确地认识武术的作用，我特地设计了本节活动。

　　此外，中国武术源远流长、博大精深，是中华民族传统文化的精华，具有健身、护体、防敌、制胜的作用，被誉为中国四大国粹之一，在世界上享有盛誉。此活动也是为了让幼儿在看、玩、探、学、做中萌发爱国之情，产生民族自豪感。

活动目标

　　（1）初步了解中国武术是中国特有的，是用来强身健体、保家卫国的。

　　（2）懂得在日常生活中与同伴友好相处，不打斗、不欺负弱小，增强自律的意识。

　　（3）萌发对祖国的热爱之情，产生民族自豪感。

活动准备

　　（1）知识经验：幼儿观看了《虹猫蓝兔七侠传》、《大英雄狄青》等动画片；与家长共同查找有关武术的资料。

　　（2）物质材料：有关武术资料的展板，各种模拟的武术器械，课件。

活动过程

　　1. 观看展板，了解中国武术

　　（1）带领幼儿观看有关中国武术的资料展板。

（2）引导幼儿谈谈自己所了解的中国武术，进行经验交流、分享。

2. 观看课件，了解武术的作用

（1）请幼儿自由选择武术器械，并探索玩法。

（2）通过课件引导幼儿了解中国武术的作用。

- 社区晨间锻炼片段。
- 武警战士擒拿格斗片段。
- 动画片《大英雄狄青》片段。
- 外国人眼中的中国武术——中国功夫。

（3）结合小朋友日常生活中的有关行为，分析武术对幼儿现实生活的指导意义。

3. 自由玩武术器械

幼儿再次选择武术器械，探索玩法；鼓励幼儿大胆创造不同的武术造型并尝试合作。

活动延伸

（1）在户外活动中，带领幼儿学习武术操，帮助幼儿进一步了解中国的武术。

（2）在区角活动中，提供材料，让幼儿设计武术服装，进行武术表演。

专家评析

《纲要》指出，教师要善于发现幼儿感兴趣的事物、游戏和偶发事件中所隐含的教育价值，把握时机、积极引导。随着动画片《大英雄狄青》的播放，幼儿对狄青的高超武艺十分佩服，嘴里经常哼着气势雄浑的主题曲，手脚比画着武术动作，一招一式还真像那么回事儿……幼儿眼中的武术与打架有着密切的联系，如何让他们正确地理解武术呢？为此，教师与幼儿一起探索、了解关于武术的秘密。本节活动选择的内容贴近幼儿的生活，并将他们感兴趣的事物和问题加以拓展，既符合幼儿现有的水平，又具有一定的挑战性，极具借鉴意义。

同时，本活动立意新但不花哨，能与幼儿已有的经验建立起联系，并对其现实生活中的行为起到一定的指导作用。此外，还能充分挖掘课程资源，使幼儿通过视觉、触觉、听觉等多方面感觉通道去感知中国武术，了解中国的传统文化，激发幼儿的民族自豪感。

50. 中国鼓

设计教师：吴蕾、肖琼　评析专家：伍香平

幼儿园：湖北省武汉市桥口区崇仁路幼儿园

设计意图

鼓在我国有着悠久的历史。激昂、有力的鼓声激励人们开拓进取、奋发向上。在大班情感教育主题活动"中国风，民族情"中，教师带领幼儿领略了京剧、风筝、剪纸等中国传统文化，而博大精深的鼓文化更能激励幼儿不畏艰难、积极向上的精神。

本次活动我努力开放每一个环节，通过中国鼓特有的韵律和美感引导幼儿放飞想象的翅膀，帮助幼儿体验祖国传统文化的无穷魅力，激发幼儿的民族自豪感。

活动目标

（1）初步了解中国鼓的特点、作用以及来历。

（2）积极参与活动，为自己是中国人而感到骄傲和自豪。

活动准备

各种各样的鼓若干，自制课件，我国申奥成功的视频。

活动过程

1. 观察交流，经验再现

引导幼儿观察场地内摆放的鼓，提问：鼓是干什么用的？为什么要敲鼓呢？你们还见过什么样的鼓？

小结：中国的鼓有很多种，最具有代表的就是这种红色的鼓，敲击起来会发出"咚咚"的声音。鼓声能带给我们力量。

2.课件演示,加深了解

(1)展示中国鼓的起源——用于驱赶野兽。

(2)展示中国鼓的种类——维族的手鼓,朝鲜族的手鼓,汉族的腰鼓、威风鼓等。

(3)展示中国鼓的作用——鼓舞士气,加油助威;庆祝节日,表达喜悦。

小结:中国鼓是我们中国人发明的,是我们中国特有的。不光汉族人民喜欢它,少数民族的人民也喜欢它,因为鼓可以帮助我们表达情感。

3.体验尝试,击鼓传情

鼓励幼儿大胆尝试用鼓声来表达激动和欢乐的心情。

(1)组织幼儿观看我国申奥成功的视频,体验万众欢腾的激动与喜悦心情。

(2)引导幼儿用鼓声来表达情感。

活动延伸

(1)提供鼓和音乐,鼓励幼儿大胆尝试中国鼓的演奏方法。

(2)鼓励幼儿将了解到的中国鼓文化与父母分享。

专家评析

"中国鼓"这一活动来自于大班的主题活动"中国风,民族情"。对于幼儿来说,祖国这个词非常抽象,教师必须创设具体的情境让他们获得形象生动的感官体验。本节活动的亮点如下:

(1)**选材贴近幼儿生活**。鼓对幼儿来说并不陌生,社区的腰鼓队、广场上的锣鼓方阵、各大文艺演出中的鼓乐表演,甚至他们的玩具中都有鼓,但他们并不知道鼓是我们中国的一种特有的文化用品,中国人民用它来表达喜悦、欢庆、激动的心情。这节活动虽以鼓为载体,但并不停留于对鼓的知识层面的了解,而是引导幼儿通过了解中国鼓来感受中国文化。

(2)**采用体验式的活动方法**。本节活动积极引导幼儿对鼓产生视觉体验、听觉体验,鼓励幼儿亲身体验用鼓声来表达出自己的情感。

这节活动在实施中的效果很好,但也存在明显的不足,就是敲鼓时的声音很大，幼儿之间容易相互影响。因此，在活动中应注意优化实施活动的场地，不要影响到其他班级幼儿的活动，同时，建议根据实际情况多引导幼儿独立活动，不要强制幼儿进行合作。

51. 安全上下楼

设计教师：何登敏　评析专家：张静

幼儿园：湖北省钟祥市机关幼儿园

设计意图

　　安全教育是幼儿园教育工作的重点。幼儿每天都要上下楼，让幼儿掌握上下楼的安全知识，是增强幼儿自我保护能力的重要手段。而上下楼过程中的礼仪，也体现了未来社会人才的基本素质。本活动着重于幼儿的实际体验，让幼儿在亲身实践中学习、理解并掌握上下楼的安全礼仪知识。

活动目标

（1）学习上下楼梯靠右行等基本常识。

（2）了解上下楼梯应有的礼仪。

（3）养成从小讲文明、懂礼貌的良好行为习惯。

活动准备

（1）物质材料：PPT课件，与幼儿人数相同的花饰，指示行走方向的脚印标识两个，四个不同的扶梯安全标志。

（2）环境创设：在教室地面布置一个平面的楼梯场景。

活动过程

1. 谈话，了解上下楼梯的基本安全知识

师："小朋友们每天跟着老师、爸爸妈妈上下楼梯很多次，你们知道上下楼梯时应注意什么问题吗？"引导幼儿说出上下楼梯靠右行、一个跟着一个走等。

2. 亲身实践，发现靠右行的好处和重要性

（1）引导幼儿观看教室地面上布置的楼梯场景。

师:"这是一道很长的楼梯。"

（2）将幼儿分为两组，分别站在"楼上"和"楼下"，请幼儿向对面行走，引导幼儿发现此过程中存在的问题：一哄而上、拥挤等。

请幼儿再次站在"楼梯"的两端，每人右臂戴上一个花饰，要求幼儿靠右侧一个跟着一个走。

提问：两次走楼梯的情况一样吗？为什么？

（3）出示脚印标识，请幼儿摆放在"楼梯"的正确位置。

（4）提问：说一说，上下楼梯还应该注意什么问题？

安全方面：不打闹、不蹦跳、不推搡等。

礼仪方面：遇到老人和提重物的人应该礼让。

3. 了解乘扶梯的礼仪

（1）播放课件1，呈现人们乘扶梯的画面，请幼儿讨论：乘扶梯需不需要靠右站？

（2）播放课件2，包括两个画面，一个是快递员快速地从扶梯左侧上去；另一个是小宝宝的妈妈很着急，但扶梯左侧站满了人，无法快速上楼。

讨论并小结：乘扶梯也应靠右站，把左边通道留给有急事的人。

（3）角色扮演活动。幼儿分为两组，第一组幼儿扮乘扶梯的人，面朝同一方向站在"扶梯"上（幼儿可能是散乱而未靠右站的），教师扮演有急事的工作人员快速通过，点评幼儿表现。

第二组幼儿也依此活动，但事先提醒幼儿靠右站，教师扮演快递员通过并评价。

（4）播放课件3，逐幅呈现"幼儿独自乘扶梯"、"两人并排站在扶梯上"、"两个小哥哥在扶梯上疯闹"、"逆行"的画面，请幼儿判断其行为正误，并将画面幻化为扶梯提示标志。

出示制作好的四幅标志，提醒幼儿以后注意观察在哪里有这样的标志，并按标志的要求去做。

4. 活动结束

外出活动，提醒幼儿下楼梯靠右行，一个跟着一个走。

活动延伸

在幼儿日常上下楼的过程中，提醒幼儿注意行为规范，确保安全有序。同时，将开展活动的情况告知家长，请家长和幼儿一起上下楼时予以提醒。

 **专家评析**

《指南》明确提出，幼儿应"遵守基本的行为规范"。本节活动即是引导幼儿在"上下楼梯"的生活经验中提升对规则的认识，并坚持遵守这类规则。

活动通过多种情境激发幼儿主动认识和了解规则的意义，比如从幼儿已有的生活经验出发，让幼儿亲自走楼梯，体验无秩序和有秩序的不同，了解和发现右行规则的重要性，并在观看课件时了解乘扶梯的礼仪。活动环节层层递进，紧扣主题，使幼儿获得形象的直接经验，并在此基础上又有了新认识。而幼儿在主动体验中自主发现归纳所得出的结论，必然能更深刻地理解、记忆并将其应用于生活实践中。

建议：在最后一个环节，如果能让本班幼儿根据所学习的技能，去指导小班幼儿上下楼梯，或为更小的幼儿提供示范，相信既能使本班幼儿获得成功感，也有利于幼儿保持和巩固获得的楼梯通行经验。

52. 鲸口脱险

活动设计：尹力　评析专家：伍香平
幼儿园：湖北省十堰市高新区蓓蕾幼儿园

设计意图

《纲要》社会领域的总目标中明确指出，要让幼儿"理解并遵守日常生活中基本的社会行为规则"。细研究本条目标不难看出，要让幼儿遵守生活中的行为规则，必须要在幼儿理解、认知的基础上去引导幼儿，这与幼儿社会教育的内容相吻合，即促进幼儿的社会认知，激发幼儿的社会情感，引导幼儿的社会行为。结合这一目标，我选取"排队"这一幼儿生活中常参与的活动为切入点进行教学。

在幼儿园的一日常规活动及与家长一起参与的社会活动中，幼儿大都要排队或按秩序走。排队或按秩序走不仅是解决拥堵、避免安全事故的手段之一，更体现了一个社会的文明程度。但在实际生活中幼儿经常为了跑在前面而发生争抢，造成了许多意外发生。结合这一情况，我设计了此活动。

活动目标

（1）知道生活中什么地方应该排队或按秩序走。

（2）懂得排队或按秩序走时要相互礼让，尊老爱幼，女士优先。

（3）认识到排队或按秩序走是一种社会规则，是社会文明的体现。

活动准备

（1）知识经验：幼儿对鲸鱼的生活习性有一定的了解。

（2）物质材料：游戏"鲸口脱险"用的相关材料，包括用圆形串珠制成的可以用绳子拉的红、黄、蓝三色数量相等的小金鱼；标有1—7数字的可乐瓶，且瓶口比圆形串珠略大；标有1—7数字的红、黄、蓝三色卡片，数量与班级人数相等；蓝色塑料筐；与班级人数相同的彩笔和白色长方形卡纸板，长方形卡纸板1/3地方空白，2/3地方画好"幼儿排队"的图画，背面贴好双面胶。

活动过程

1. 幼儿在《海浪》的轻音乐中"游"进教室
2. 故事导入，激发幼儿的兴趣

（1）教师有表情地讲述《鲸口脱险》的故事。

（2）幼儿猜想故事的结局。

3. 玩游戏：鲸口脱险

（1）幼儿取下事先贴在凳子下面的标有数字的色卡，根据卡片上面的数字找到相对应的可乐瓶。

（2）幼儿找到相对应的可乐瓶后根据手中卡片的颜色选择相对应的小金鱼拉线。

（3）教师喊"一、二、三"后，幼儿往外拉小金鱼。当喊"停"时，所有幼儿保持姿势不动。

4. 根据游戏的结果展开讨论

（1）师："为什么我们出不来？"

（2）师："为什么我们脱险了？谁先出来的，为什么？"

（3）通过讨论让幼儿达成共识：排好队一个一个地走是脱险的最好办法，且排队时要让个子小的排在前面。

（4）根据游戏结果续编故事结尾。

5. 观看由于拥挤踩踏而造成伤亡事故的幻灯片

引导幼儿观察幻灯，并和幼儿一起探讨拥挤会造成什么样的后果。

6. 联系幼儿园一日常规活动，让幼儿进行讨论

（1）师："哪些时候、哪些地方应该排队或按秩序走？怎么走？"

（2）带领幼儿观察一日活动中各种拥挤的图片，请幼儿判断对错。

7. 观察社会生活中按秩序走或者排队的图片

让幼儿说说平时和家人出去时在什么地方排过队或按秩序走，并让幼儿观看、讲解图片的内容。

8. 归纳总结，提升认识

（1）小结：当服务的窗口或可通过的门少而人很多的时候，就应该排队。

（2）引导幼儿观看反映家乡美景的图片，提升幼儿的认识。

小结：排队不仅是解决拥堵的方法，也是社会行为规则，更体现了一个社会的文明程度。

9. 制作"排队"或"按秩序走"的提示牌

（1）幼儿在白卡纸空白地方画上能代表特定场所或活动的某些物品或符号。

（2）和幼儿一起把制作好的提示牌贴在幼儿园里相应的地方。

活动延伸

日常生活中见到幼儿主动排队或排队时相互礼让，要及时给予称赞。

附：故事

鲸口脱险

在蓝色的大海里，生活着三条鱼——蓝色的鱼爸爸、红色的鱼妈妈和黄色的鱼宝宝。它们每天一起出去找食物，一起在海草里玩捉迷藏，过得可快乐了。

这天，蓝色的鱼爸爸和红色的鱼妈妈带着黄色的鱼宝宝，到了一个它们以前从没有来过的地方找食物。这个地方好吃的东西太多了，它们高兴地享用着美味，忘记了周围的一切。忽然，有一股很强的吸力把它们往前吸，它们仔细一看，原来是一只大鲸鱼正张着大大的嘴巴吸海水。它们使劲地游啊游想逃出去，可是已经来不及了。蓝色的鱼爸爸、红色的鱼妈妈和黄色的鱼宝宝被吸进了大鲸鱼的肚子里。

"爸爸！妈妈！我怕！我怕！"黄色的鱼宝宝大声地叫着。

"别怕！别怕！妈妈爱你！"红色的鱼妈妈摸着鱼宝宝的头轻声地说。

"啊！我有办法了！我们可以等鲸鱼游出海面呼吸的时候，从它喷水的鼻孔里逃出去。"蓝色的鱼爸爸兴奋地叫道。

"对！对！对！"鱼妈妈和鱼宝宝也都同意鱼爸爸的建议。它们三个游到了大鲸鱼的鼻孔下面等着。大鲸鱼终于游出水面，"一、二、三，走啊——"鱼爸爸大声地叫道，于是它们三个……

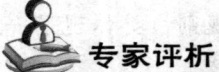 **专家评析**

本活动实施的效果非常好，整个活动可以用四个词来概括，即激趣、操作、探讨、提升。

激趣：运用幼儿最喜欢的活动方式——故事导入，创设适合的情境激发幼儿的兴趣。

操作：让每个幼儿都有参与权、游戏权。

探讨：在轻松、和谐、平等的氛围中探讨问题之所在。通过探讨来寻求解决问题的方法，在幼儿探讨的基础上归纳总结，避免单一的说教，教师在此只是引导者。同时，在探讨的过程中，发展幼儿的语言表达能力。

提升：从幼儿经常活动的幼儿园提升到幼儿参与的社会生活中，从幼儿自己知道提升到全园宣传，从"排队"提升到社会规则，从社会规则提升到社会文明。这个提升的过程幼儿能看到、感觉到。

53. 找长处

设计教师：杨菊孝　　评析专家：苏彬

所在单位：湖北省宜昌市兴山县教育培训研究中心

设计意图

中国人受传统教育观念的影响，对于自己的长处不爱张扬，当面表扬别人也觉得有"拍马屁"的嫌疑，因此幼儿的评价能力受到了一定程度的影响和压抑，要让幼儿得到和谐发展，幼儿园教育一定要充满温情，这样才能润物细无声，使幼儿的生命意识得到呵护和张扬。因此，我特地设计了此活动。

活动目标

（1）学会欣赏自己和别人的长处，并能用适宜的方式表达。

（2）感受同伴间相互欣赏、相互赞美的愉悦。

活动准备

（1）物质材料：《嚎叫的大狮子》视频，绘画的工具材料，各形各色的卡片。

（2）环境创设：班级树。

活动过程

1. 观看视频，导入话题

提问：什么是长处？长处指的是什么？看了《嚎叫的大狮子》，你们有什么感想？

总结：长处不一定是很大的优点，小小的优点也是长处。

2. 找长处

（1）环节一：找找自己的长处。

师："每个人都有自己的长处，现在请大家来说一说自己的长处。"

小结：大家说了这么多自己的长处，老师真为你们感到高兴。能看到自己的长处，这是自信的表现。我们每个人身上都有优点，我们要相信自

己是最棒的。

（2）环节二：找找别人的长处。

师："找自己的长处比较简单，因为我们每个人对自己都很了解，但要想找到别人的长处就有点儿难啦。老师想问问你们，怎样才能找到别人的长处呢？"

幼儿自由讨论。

师："对，我们要有一双会发现的眼睛，在和好朋友相处的过程中要多留心、多观察、多了解、多交流、多沟通，这样就能发现别人身上的优点啦。现在，我们来看看有哪个小朋友已经发现别人身上的优点啦？请把你对他由衷的赞美送给他吧。"

（3）环节三：做张赞美卡。

师："赞美的话很真诚，也很感人，怎样才能留住这些赞美的话呢？我们来做张赞美卡吧，这是我的好朋友送给我的，有各种形状、各种颜色的。这张心形的赞美卡是好朋友赞美我帮助朋友、助人为乐；这张红色的方形卡是朋友赞美我工作认真努力的。"

师："大家也来试试吧。请小朋友先选择赞美卡的样式和颜色，再在卡上写上赞美的话，有的字不会写可以用绘画的方式表达出来。记住：你想赞美谁就送给谁哦，后面一定要写上你的名字。"

幼儿制作赞美卡，教师适时指导。

（4）环节四：互赠赞美卡。

师："赞美卡做好了，请你送给你赞美的人，并把赞美的话说给他听！"

幼儿互赠赞美卡，收到赞美卡的幼儿脸上洋溢着喜悦之情；没有收到赞美卡的小朋友则非常失望。

师："有的小朋友没有收到赞美卡，他们真的没有长处吗？真的没有可以让人赞美的地方吗？也许他们的长处还没有被发现呢。如果你觉得他在某方面需要改进，做一张鼓励卡送给他吧。"

3. 装扮班级树

师："这些小小的卡片上写满了你们的祝福和鼓励，正是有了同伴的鼓励，小朋友才会进步得更快，让我们把这些赞美卡贴到班级树上吧。"

幼儿用赞美卡装扮班级树。

师："刚才还是一棵光秃秃的大树，你们的优点、长处和真诚的赞美把我们的班级树装点得枝繁叶茂、硕果累累。"

师："如果今后你有了优点，或者发现了别人的优点，请你继续制作赞美卡来装点我们的班级树，让你们点点滴滴的进步把我们的班级树装扮得更漂亮、更茂盛吧！"

活动延伸

"夸夸我的家人"：请幼儿找找家人的长处，赞美他们并制作赞美卡送给他们。

专家评析

本节活动"找长处"既是活动的主题，也是活动的中心线索。整个活动都是围绕此而开展，活动环节层层推进，调动起了幼儿的参与热情。

活动开始播放视频《嚎叫的大狮子》，引导幼儿讨论"什么是长处"，并总结"小小的优点也是长处"，引导幼儿对"长处"形成初步的概念，为后续的活动做好准备。

活动过程中引导幼儿先找"自己的长处"，进而找"别人的长处"，最后让大家制作并互赠赞美卡。幼儿既有发现自己和他人长处的惊喜，也有获得赞美的喜悦，活动为幼儿提供了情感体验、情感交流和情感表达的机会。

最后的环节是利用赞美卡装扮班级树，目的在于继续寻找发现自己和同伴的长处，激励幼儿敢于向他人说出自己的心里话，善于将自己真诚的赞美送给他人。

在教师的组织与引导下，幼儿不仅评价了自己，也能评价别人，进而去称赞别人。从不称赞到称赞，进而找到长处称赞，层层递进深入，幼儿逐步感受被别人称赞很快乐，称赞别人更快乐，幼儿的情感得到了升华。

建议：可以进行生活化的活动拓展，教师积累一些生活场景，如幼儿

跳绳、绘画、做手工的照片或视频，因有具体事例可说，幼儿在评价别人的时候评价得会更生动，语言会更丰富，体会更真实，情感的生发也更自然。

54. 大手拉小手

设计教师：汪宏英　评析专家：张静

幼儿园：湖北省黄冈市黄州区幼儿园

设计意图

现在的孩子绝大多数是独生子女，受到长辈的呵护和关爱，在家庭环境中很难体会到平等的伙伴关系，更难有机会关爱比自己小的伙伴。因此，我设计此节活动，想要让幼儿体会到自己长大了，自己也可以来关爱他人，尤其是比自己小的弟弟妹妹们，体验帮助别人的快乐。

活动目标

（1）通过比较手的大小、身高等真实地感受到自己长大了。

（2）能积极地用语言、动作与弟弟妹妹交往，帮助小班弟弟妹妹接纳和熟悉幼儿园。

（3）认识到帮助别人能让自己快乐，体验到当哥哥姐姐的自豪感。

活动准备

（1）知识经验：幼儿会唱歌曲《找朋友》。

（2）物质材料：小班弟弟妹妹大哭大闹的录像，多媒体课件《两年前的我们》，幼儿玩具或自制的礼物。

（3）环境创设：与小班教师约定好时间。

活动过程

1. 情境体验，感知理解

（1）观看多媒体课件《两年前的我们》，引导幼儿看看两年前自己刚入园时，抱着爸爸妈妈不放手、哭闹的场景，回忆自己小时候。

（2）看小班弟弟妹妹大哭大闹的录像。提问：今年刚来幼儿园的弟弟妹妹们怎么样？他们为什么要哭？

2. 交流讨论，了解方法

组织幼儿讨论：

- 小时候我们为什么哭？为什么不想上幼儿园？心里是怎样想的？
- 我们要怎样帮助他们呢？应该和他们说些什么话？
- 用什么办法让他们不哭并且喜欢上幼儿园呢？

3. 实践正确的方法

（1）认识弟弟妹妹。

师："到小班教室去，邀请一位弟弟或妹妹到自己身边，做自我介绍，互相熟悉。"

（2）陪弟弟妹妹玩。

师："安抚哭泣的弟弟妹妹，帮他们擦鼻涕，带他们上厕所，送他们小礼物，逗他们开心。"

（3）我长大了。

师："与弟弟妹妹比身高，再比比谁的手大、谁的手小，告诉弟弟妹妹自己哪些方面长大了，自己现在能做哪些事情。教弟弟妹妹唱歌《找朋友》。"

4. 巩固练习

（1）大手拉小手。

师："带弟弟妹妹参观幼儿园，上下楼梯时要照顾好弟弟妹妹。参观我们大班教室，介绍我们的活动区域，并把好玩的玩具介绍给弟弟妹妹玩。"

（2）我的本领。

师："教弟弟妹妹学本领，如变魔术、念儿歌、数数等。"

（3）活动小结。

师："说说自己带领弟弟妹妹的感受。比如你是怎样给弟弟妹妹擦鼻涕的，怎样逗他们开心的。看到他们开心，你心里感觉怎么样等。"

活动延伸

鼓励幼儿无论在园里还是在家里，都要照顾弟弟妹妹。

专家评析

《纲要》指出：要培养幼儿关心、友好的态度和行为，促进幼儿个性健康发展。"大带小"活动通常是在幼儿园社会性教育中，由一个高年龄班和一个低年龄班配对，根据活动目标和活动内容临时混合在一起，幼儿共同参与、互相促进。

本次"大手拉小手"活动中，感知理解部分非常温馨，幼儿通过回忆，观看《两年前的我们》，能很快地感受到现在小班幼儿和爸爸妈妈分离的焦虑，自然而然萌生关心小班幼儿的情感。交流讨论部分，幼儿一同商量如何帮助弟弟妹妹拓展生活经验，在讨论和交流的过程中，幼儿的语言表达能力得到极好的锻炼。比较大小高矮的环节让大班幼儿感到自豪；在陪小班幼儿玩的过程中，小班幼儿感到开心，这充分体现了幼儿园"大带小"活动是个双赢的活动。

最后环节的实践活动是分散进行的，既让幼儿充分发挥自己的主动性，又具有一定的挑战性。"大手拉小手"、"我的本领"等活动兼顾了不同年龄层次幼儿的需要和个体差异，使大班幼儿和小班幼儿都能得到发展，充分达成了教育目标。

55. 小小情绪观察员

设计教师：刘芳　　评析专家：王敏

幼儿园：湖北省省直机关第一幼儿园

设计意图

在幼儿的一日生活中，与同伴的交往是必不可少的，但通过观察我发现，幼儿在与同伴共处时，常常会因为一点儿小事而闹别扭。当同伴遇到不开心的事情时，幼儿也少有安慰、关心的表现。《指南》提出，幼儿应"能关注别人的情绪和需要，并能给予力所能及的帮助"。因此，我设计了此次社会活动，希望通过游戏活动引导幼儿学习控制自己的情绪，尝试运用语言、行动去关爱同伴，帮助同伴保持积极愉快的情绪，培养初步的人际交往能力。

活动目标

（1）保持愉悦的情绪，愿意帮助同伴开心起来。

（2）尝试观察、体验别人的情绪情感。

（3）能用语言、动作安慰别人，表达自己的关爱。

活动准备

（1）知识经验：幼儿认识不同的表情，自己有过哭、笑、生气等的情绪体验；会唱《幸福拍手歌》。

（2）物质材料：三幅情境图片；课件《开心小人》；西瓜、苹果、葡萄图标，魔力棒若干。

（3）环境创设：幼儿情境表演场景。

活动过程

1. 导入：开心笑一笑

组织幼儿欣赏课件《开心小人》。

教师讲解：其实我们的心就像一座小房子，里面有各种不同的小人。当你不开心的时候，里面有一个黑色的小人在生气。如果我们总把黑色小人关在里面，只会越来越不开心。如果我们把不开心的原因说出来，就可以把黑色小人放出来，使他们变成开心小人。当我们开心时，里面就会有一个红色小人，我们把开心的事说出来，也会把红色的小人放出来，让别人跟着一起开心。

2. 有魔力的悄悄话

（1）提问：你看到过谁生气过、哭过？（可以是同伴、家长或周围的人）你怎么知道他在生气或者伤心？（引导幼儿关注他人的面部表情的变化）

（2）讨论：当别人不开心时，你应该怎样去帮助他？

（3）把幼儿分成西瓜、苹果、葡萄三组，教师给每组一幅情境图片。

西瓜组：小弟弟坐在地上哇哇大哭，可是他突然不哭了。你知道旁边的大姐姐对他说了一句什么悄悄话吗？试着说一说，说得好的贴一个西瓜图标。

苹果组：老爷爷一个人在家为什么皱着眉？小妹妹对他说了什么，他开心地笑了？试着说一说，说得好的贴一个苹果图标。

葡萄组：妈妈在生气，可能是因为什么？小宝宝对她说了什么，妈妈就笑了？试着说一说，说得好的贴一个葡萄图标。

（4）奖励图标最多的水果组魔力棒，鼓励幼儿用魔力棒让更多的人开心起来。

3. 演演说说

（1）情境1：一个小朋友走路不小心摔倒了，一直哭啊哭。

提问：这个小朋友摔倒了，哭得真伤心，你看到了会怎么做呢？试着演一演。

（2）情境2：晶晶、图图在画画，晶晶不小心碰到了图图，让图图的画脏了，两个人发生了争执，谁都不理谁。

提问：如果你是晶晶或图图，你会怎么做？如果你是晶晶和图图的同伴，你会怎么做？试着演一演。

（3）小结：小朋友要用正确的方法关爱同伴，当同伴间发生矛盾时要会用正确的方法解决问题。

4.唱唱乐乐

（1）幼儿交流关爱同伴后的心情。

（2）幼儿表演歌曲《幸福拍手歌》，知道要保持愉悦的情绪。

活动延伸

（1）本节教育活动延伸：结合礼仪教育开展"我会交朋友"的活动。

（2）家庭教育活动延伸：请幼儿将自己帮助他人快乐起来的情景画成画或请家长代笔写成短文，带到班上宣读、展览，以强化幼儿的良好体验。

专家评析

本节活动设计有如下亮点：

（1）**情感激发**。教师从故事导入，通过课件《开心小人》的故事让幼儿初步感知了保持快乐情绪的重要性，帮助幼儿初步学习控制自己的情绪和行为，知道保持积极愉快的情绪可以促进身心健康，培养幼儿初步的人际交往能力。

（2）**情感迁移**。情感是学不来的，但是可以体会和迁移。刘老师创造了情境和机会，通过"有魔力的悄悄话"这一环节，让幼儿置身在情境中，逐渐学会理解他人的情感，从而能设身处地为他人着想；"演演说说"、"唱唱乐乐"环节对同伴之间建立良好的人际关系起到了引领作用，使整个活动达到了预期的目标。

（3）**情感分享**。积极的、友善的情感是需要在生活中分享的，不能仅依靠几节课去完成，但是一节活动可以教会幼儿掌握一些初步的交往技巧。刘老师采取从集中到分组的教学组织形式，整个教学过程从易到难、层层递进，幼儿既逐步学习了运用技巧，又在保持自己愉悦心情的同时，用好的情绪去影响他人，为幼儿良好社会性品质的发展奠定了基础。

建议：第一，教师要注意提问的有效性，给每个幼儿更多说的机会和话题，让他们说出可以使心情愉悦的方法；第二，关注幼儿的语言表达差异性，让缺少朋友和不善于表达的幼儿也能说出赞美的话。

56. 我们这样过"六一"

设计者：刘丽君　评析专家：张静
幼儿园：湖北省长阳土家族自治县第一幼儿园

设计意图

儿童是祖国的未来，每年的"六一"儿童节，全国各地都会组织各种形式的庆祝活动，让儿童感到被关心、被重视。以往我园每年也会开展各种庆祝活动，但我发现有的活动并不是大多数幼儿感兴趣的。为了培养幼儿的主人翁意识、萌发集体归属感，真正让所有的幼儿感受到节日的快乐和幸福，在今年的"六一"儿童节来临之际，我为幼儿提供了自主选择、自主策划庆祝方式的机会，让幼儿快乐地度过属于他们自己的节日。

活动目标

（1）了解"六一"儿童节的由来。
（2）能参与讨论并策划"六一"庆祝方式，突出幸福、快乐的气氛。
（3）萌发集体归属感。

活动准备

《快乐的节日》歌曲磁带，以往庆"六一"活动视频，"六一"的庆祝图片。

活动过程

1. 欣赏歌曲《快乐的节日》，引出"六一"儿童节

（1）提问：听了这首歌有什么感觉？（"欢乐"、"高兴"等）
你们为什么感到快乐？（"我们的节日到了"）
你们的节日是几月几日，叫什么节？（"六月一号"，"'六一'儿童节"）
（2）教师出示有关"六一"儿童节的庆祝图片，简单介绍"六一"儿童节的由来。

小结：六月一日是全世界儿童的节日，每年的这一天，人们都会举行庆祝活动为小朋友庆祝节日。

2. 以前我们怎样庆"六一"

（1）提问：你记忆中是怎么过"六一"的？

（2）播放人们庆"六一"视频，并提问：他们在干什么？我们来看看里面有几种庆"六一"的方式？

（3）谈话活动：你喜欢哪种庆祝方式？为什么？

3. 小小策划师

（1）教师提出要求：你可以策划各种形式的庆祝活动，只要能让全体小朋友感到快乐、幸福就可以了。

（2）让幼儿策划庆祝方案，鼓励幼儿讨论。

（3）说说"我的策划方案"。请幼儿说说自己或小组讨论后的策划方案，然后引导全班幼儿一起讨论是否可行，并提出相应建议。

4. 今年的"六一"这样过

（1）请幼儿集体讨论，推选一种最好的庆祝方式，一起修改、完善活动方案，教师做好记录。

（2）保存好方案，期待"六一"的到来，在歌声《快乐的节日》中结束本次活动。

活动延伸

遵照幼儿的方案开展"六一"庆祝活动；还可请幼儿在家收集一些家长的建议，进一步完善活动方案中的一些细节，同时争取家长的配合。

专家评析

本节社会领域活动设计意图明晰：把"六一"活动的主动权还给幼儿。这样教师不需要耗费大量的人力、物力，就能达到让所有幼儿感受到节日的快乐和幸福的目的。以往，为了迎合家长，幼儿教师墨守成规、自己设计活动，对幼儿进行高强度的排练，这样不但忽视了幼儿的兴趣需要，也容易违背幼儿身心发展的规律。

本次活动为幼儿提供了表现自己长处和获得成功的机会，支持幼儿自主选择、策划自己的"六一"活动方案，鼓励幼儿通过想一想、说一说等方式自主制定方案、解决问题，培养了幼儿的集体意识和合作精神。

57. 我爱爷爷奶奶

活动设计：佘朝霞、潘蕾　评析专家：伍香平

幼儿园：湖北省咸宁市交通幼儿园

设计意图

现在的幼儿基本上都是独生子女，是家中的"小太阳"，享受着家人给予的爱，却很少想过去关心、帮助他人，尤其是老人。而尊敬老人是我们中华民族的优良传统，尊敬老人、关心老人的传统教育是个永恒的话题。"少成若天性，习惯成自然。"我们应该从小培养幼儿尊老、爱老的美德。因此，在重阳节来临之际，我特地设计了此活动。

活动目标

（1）了解重阳节，知道是老人节。

（2）关心长辈，为长辈做点力所能及的事。

（3）尊敬老人，做个懂礼貌的孩子。

活动准备

（1）知识经验：幼儿观察爷爷、奶奶的劳动，帮助爷爷、奶奶做力所能及的事。

（2）物质材料：音乐《好娃娃》；公益广告一则（视频）。

活动过程

1. 歌曲导入

（1）（音乐响起）师："小朋友，音乐响起来了，我们一起来唱这首《好娃娃》的歌吧！"教师和幼儿一起边演边唱。

（2）讨论：歌曲里的好娃娃做了什么事啊？你们觉得还有什么样的孩子也是好娃娃呢？你们都是这样的好娃娃吗？

2. 观看公益广告

（1）师："好娃娃们，现在我要请你们看一则公益广告，看看广告里有谁？他们在做什么？"播放公益广告。

（2）师："小朋友为什么要帮妈妈洗脚？奶奶为什么需要妈妈帮忙洗脚？"

（3）师："人的年纪大了，身体会衰老，行动会越来越不方便，更需要大家的关心和帮助，你们想怎样给爷爷、奶奶帮忙呢？"

- 帮爷爷奶奶盖被子、扇扇子。
- 为生病的爷爷奶奶倒水吃药。
- 多去探望爷爷奶奶，陪他们聊天，为他们讲故事、唱歌、跳舞。
- 在公交车上要给爷爷奶奶让座。

3. 认识重阳节

（1）师："尊敬老人是中国人的传统美德，中国的老人们也有传统节日，是什么节呢？"

（2）小结：农历九月初九是重阳节，是我国法定的老人的节日，这一天老人会登高、赏菊、喝菊花酒、插茱萸，还要吃重阳糕。

4. 情境表演

（1）师："其实，我们不仅要关心、帮助自己的爷爷、奶奶，在我们的周围还有不少的老人也需要我们献出自己的爱心，你们愿意吗？"（"愿意"）

（2）师："听到小朋友们肯定的回答，我很高兴。现在，让我们拿出实际行动吧。"

（3）情境表演。

情境1：教师扮演一位老奶奶拎着很重的包走过来。

情境2：教师扮演一位老奶奶拄着拐杖过马路。

请幼儿想办法帮助老奶奶。

活动延伸

带领幼儿在重阳节去敬老院、福利院慰问老人。

专家评析

让我们的下一代从小学会敬爱老人，尊老爱老，是我们的责任。

活动设计从幼儿的生活实际入手，让幼儿在观察爷爷、奶奶劳动后，产生初步的帮助老人的意识，再通过观看公益广告进一步体会到尊敬老人是被大家认可与倡导的美德，给予幼儿积极的观念引导，最后适时地引出重阳节，丰富幼儿的社会经验。后面设计的情境表演正是幼儿初步形成敬老爱老品质的实践体验和行动体现，有趣的情境吸引了幼儿的注意力，激发了幼儿参与的积极性，也活跃了课堂气氛。在延伸活动中，让幼儿去敬老院亲身感受一下与老人们在一起的快乐，为幼儿将小爱化为大爱创造更多的机会。

58. 中国"年"的故事

设计教师：曹军、岳颖换、吴茜　　评析专家：伍香平

幼儿园：湖北省襄阳市实验幼儿园

设计意图

春节，是中华民族的传统节日，"过年"是中国几千年来的传统，经过世代的沿袭，在过年时逐渐形成了各种各样的风俗习惯，如贴对联、贴窗花、穿新衣、吃团圆饭、放鞭炮、亲友互相拜年、长辈给晚辈压岁钱、吃饺子等。过年是小朋友最快乐的时候，关于过年有说不完的话题，然而，幼儿在感受过年热闹气氛的同时，对"年"的来历并不了解。我设计本次活动，旨在帮助幼儿了解过年的来历，从而激发幼儿热爱中国传统文化的情感。

活动目标

（1）了解"年"的来历，知道我国过年的几种传统习俗。

（2）感受中国的传统节日文化和喜庆的节日气氛。

活动准备

（1）知识经验：让家长帮助幼儿简单了解过年的传统习俗。

（2）物质材料：有关过年的各种庆祝活动的图片，有关"年"的来历的课件，彩色纸，剪刀，橡皮泥，演出服装。

活动过程

1. 参观"过年"图片展，了解过年的几种习俗

（1）引导幼儿观看图片展览。

（2）提问：过年了，大家是怎么庆祝的？说说自己最喜欢过年时的哪项活动？

（3）小结：过年真热闹。

2. 看课件，了解过年的来历

（1）播放课件前半部分。

师："很久很久以前，人们可没有过年这个习惯。每年的这个时候是人们最痛苦、最害怕的日子。你们知道为什么吗？"请幼儿猜一猜，说一说。

师："到底是什么原因呢？我们来看一段有趣的动画。"幼儿看课件前半部分，了解人们害怕的原因。

师："原来人们是怕'年'这个怪兽。小朋友们，你们快帮这些人想想办法对付'年'这个怪兽吧。"引导幼儿讨论、发表意见与想法。

（2）继续看课件，了解人们战胜"年"的故事。

师："大家想的办法都不错，但最后到底是谁的好办法战胜了怪兽'年'呢？我们一起来继续看下去。"

师："白胡子老爷爷是用什么办法对付'年'这个怪兽的呢？为什么他用这些办法？"

师："怪兽'年'最害怕红色、灯光和响声，所以白胡子老爷爷用穿红衣服、贴红对联、放爆竹、点灯的方法来对付它。从此以后，每年过年的时候，人们都穿红衣服，贴红对联、红福字，放爆竹，点亮灯，一家人团聚在一起守岁。过年的习俗就由此而来。"通过"年"的故事，让幼儿了解了过年习俗的来历，对我国的传统节日——"春节"有了进一步的认识。

3. 引导幼儿根据生活经验讲述并体验过年的热闹气氛

（1）谈话，说说自己过新年的感受。重点引导幼儿说说过年都有哪些开心的活动。

师："现在，过年的庆祝活动越来越丰富，越来越热闹。小朋友们，你们知道过年时还有哪些庆祝活动吗？"（"有好吃的活动"，"有好看的活动"，

"有好玩的活动")

师："你们都这么喜欢过年，那我们一起玩儿个过年的游戏吧"

（2）幼儿分组体验，或手工制作新年的物品，或者表演节目，欢欢喜喜迎新年。

专家评析

春节是幼儿都喜欢的中国传统节日，每个幼儿都有过年的感受，因此本节活动内容既贴近幼儿的生活，又能激发幼儿的兴趣。在活动实施过程中，教师既注重了对幼儿原有经验的唤醒，也注重了新经验的拓展和提升。比如，幼儿都知道并且喜欢过中国年，但对过年为什么贴对联、放鞭炮、拜年、发红包等并不了解，教师通过多媒体手段，生动形象地向幼儿进行了介绍，有效地激发了幼儿的学习兴趣和求知欲望，使幼儿在学习和相互交流中获得了更多的关于中国年的经验。

本活动中，教师设计了较有价值、有意义的提问，激发幼儿有益的思考。比如在幼儿说起人们过年都很快乐的时候，教师突然话题一转，提出"在很久以前，每当这个时候人们都非常害怕"，引起了幼儿的兴趣。再比如教师提出了"年兽这么厉害，我们有什么好办法打败它"，调动了幼儿以往看动画片获得的经验，他们想出了各种对付年兽的方法。

59. 过个"牛王节"

活动设计：罗华　评析专家：伍香平
幼儿园：湖北省恩施州民族幼儿园

设计意图

"牛王节"是在我园"挖掘民族教育素材"园本研究的大背景下产生的了解家乡恩施的土家族节日的活动，旨在通过活动使幼儿了解"牛王节"的来历，让幼儿感受土家人对牛的感激之情，同时对幼儿实施感恩教育。

活动目标

（1）知道"牛王节"是土家族的节日，并能体验节日的快乐。

（2）了解牛与人类的关系，懂得感恩。

（3）尝试以自己的方式过"牛王节"，学习合作和分享。

活动准备

（1）知识经验：幼儿知道土家族是一个少数民族，欣赏并学跳了简单的土家摆手舞；对牛有一定的了解。

（2）物质材料：课件《牛伯伯的话》；土家族过"牛王节"的部分资料；立体牛4头（将剪贴的牛头像贴在大的纸箱上，剪出嘴巴，可以"喂食物"）；红、黄、蓝三色颜料；纱巾和用即时贴剪的花若干；挂饰每人一个；布做的各种食物。

活动过程

1. 观看图片，导入活动

教师穿戴土家族服饰走入教室，播放土家族人过节的图片，帮助幼儿感受土家族的节日特色。

2. 了解"牛王节"的来历，懂得感恩牛

（1）提问：土家人在过什么节？节日跟什么动物有关？

（2）讨论：你们喜欢牛吗？为什么？

（3）播放课件《牛伯伯的话》，了解牛对人类的贡献。

（4）玩游戏"牛耕田"，体验牛劳动的辛苦。

（5）概括"牛王节"的由来。

师："为了感谢牛的耕种之恩，土家人的祖先把每年农历四月初八定为'牛王节'。每年的这一天，土家族人都会为牛举办一个庆祝会，代代相传，'牛王节'就成了土家人民的传统节日，也是土家人民的'感恩节'。"

3. 我们也来过"牛王节"

（1）导入：（展示制作的立体牛）这儿也有几头牛呢！我们也来过一个"牛王节"好吗？

（2）集体讨论：怎样过这个"牛王节"？节日里要做哪些事情？

（3）幼儿分组为节日做准备。

（4）庆祝"牛王节"。

活动延伸

（1）向幼儿介绍具有浓郁土家特色的其他节日，如"女儿会"、"摆手节"等。

（2）讨论与交流：你还知道哪些少数民族？它们也有很特别的节日吗？

专家评析

幼儿园的教育具有生活性、形象性的特点，尤其新的课程改革以来，我们更加关注幼儿的学习兴趣和学习过程，让幼儿学什么、怎样学是每一位教师深思的问题。

本次活动方案是经过几次调整和打磨而成的。最初的设计思路是为了让幼儿了解自己的家乡、了解自己的民族，以"牛王节"为切入点，通过传统节日再现让幼儿置身于节日的氛围中，在快乐的体验中感受土家族的民俗习惯。在试教的过程中，教师发现幼儿的兴趣不大，于是，最后选择从"感恩"入手，借助土家人民对耕牛的感激，对幼儿实施感恩教育。这是因为土家"牛王节"反映了牛与人类的亲密关系，而喜欢动物本来就是幼儿的天性，所以从幼儿的兴趣出发，在幼儿喜欢牛的基础上，引导幼儿

探索牛与人类的关系，了解牛对人类的贡献。

活动实施中，教师也力图发挥幼儿的主体性，在最后一个环节口，由教师引导幼儿进行交流讨论，构建节日的内容，其中生发的意料之外的情况也让活动十分出彩，真正体现了"生成是预留的空白"。

60. 绿丝带，心连心

设计教师：李耀娟　评析专家：王敏

幼儿园：湖北省武汉市实验幼儿园

设计意图

我班幼儿在一次"小小新闻播报"中看到一个镜头：一条绿丝带被系在公交车上。于是，他们问我公交车上为什么要系绿丝带。当他们得知绿丝带传递着大家对生命的关爱时，都觉得很新奇。幼儿园是幼儿接触社会、与人交往的第一个社会环境，也是进行爱的情感教育的好场所，因此我设计了这节"绿丝带，心连心"社会活动，旨在鼓励幼儿萌发关爱他人的情感，并能大胆表达对他人的爱，体验帮助他人的快乐。

活动目标

（1）了解"绿丝带"的含义，萌发关心他人的情感。

（2）了解帮助别人的方法，能够为他人提供一些简单的服务。

（3）体验帮助别人的快乐。

活动准备

（1）知识经验：幼儿有过做"小值日生"的经验；能用不同的方式关心和帮助别人。

（2）物质材料：多媒体投影仪，为他人服务的工作照片，《绿丝带，心连心》课件，小扫帚、抹布、小拖布等工具，绿丝带人手一条，各种志愿者标志，音乐《让爱住我家》。

活动过程

1. 观看《绿丝带，心连心》课件，了解绿丝带的含义

（1）观看课件《绿丝带，心连心》，了解"绿丝带"的行动。

提问：这些人手上都戴了什么？为什么它（绿丝带）是绿色的？表示什么意思？

（2）提问：他们在做什么？哪些人需要我们去爱呢？（"遇到困难和灾难的人"）

小结：他们都戴了"绿丝带"，绿色代表生命和健康。"绿丝带"是一群愿意帮助别人的志愿者，他们正在努力帮助别人，把健康、快乐带给别人。当别人遇到困难时，我们要伸出手，用实际行动来帮助他。

2. 结合实际经验讲述"绿丝带"怎样帮助别人

（1）出示"迷路的幼儿"图片，提问：这是谁？她怎么啦？我们怎样帮助她？

（2）出示"汶川地震灾区"的图片，提问：这是哪里？发生过什么事情？我们应该怎样帮助他们？

3. 玩游戏"我当小小志愿者"，体验帮助别人的快乐

（1）教师出示各种志愿者标志和各种工具，请幼儿自由分组，扮演"小小门房"志愿者、"小小厨师"志愿者、"小小医生"志愿者等。

（2）给小朋友戴上"绿丝带"标志，在《让爱住我家》的歌声中，幼儿学着帮助他人。

专家评析

本节活动首先以课件导入，促使幼儿思考绿丝带代表的是哪些人，他们帮助了谁；接着在议一议中，让幼儿感受"绿丝带"传播爱心的方法；最后，在演一演中，幼儿扮演"小志愿者"，体验帮助别人的快乐。

本次活动选材贴近幼儿的生活，并抓住了"绿丝带"传递爱的社会事件，从社会生活中提炼了教育的素材，非常有意义。整个活动以引导幼儿萌发关爱他人的情感、体验帮助别人的快乐为主旨，脉络清楚。幼儿在感

知交流的过程中，还了解了"绿丝带"的含义及帮助别人的方法，为幼儿在自己的生活中做好值日生和生活的小帮手提供了经验与能力准备。

61. 我的名片

设计教师：谈洁　　评析专家：伍香平

幼儿园：湖北省武汉市青山区实验科技幼儿园

设计意图

《纲要》指出，幼儿园的社会领域教育要求是："加强师生之间、同伴之间的交往，培养幼儿对人亲近、友爱的态度，教给幼儿必要的交往技能，学会和睦相处。"进入大班的孩子，自我意识逐渐增强。但在平时的观察中，我发现大班的孩子对自己和同伴的情况了解得不是很清楚。为了帮助幼儿更好地认识自己和了解他人，我借用名片这一成人经常使用的交往工具，通过让幼儿和父母一起做调查表、尝试自主设计名片、用名片交往等活动环节，发展幼儿的交往能力，让幼儿体验不同的交往方式带来的乐趣。

活动目标

（1）认识名片，知道名片的交往功能。

（2）乐意用名片介绍自己，萌发对人亲近、友爱的情感。

活动准备

（1）知识经验：幼儿认识名片，并在课前和父母一起做了一份"认识我"的调查表。

（2）物质材料：名片若干，绘画工具活动包等操作材料。

活动过程

1. 名片欣赏导入

教师展示收集到的名片，请幼儿欣赏，引起幼儿的兴趣。

2. 讨论并了解名片的功用

师："我们大班的小朋友马上要升小学了，就要认识新同学了。那么，怎样让新同学一下子了解你呢？你有什么好办法？"

（1）展示不同的名片，引导幼儿观察名片，了解名片的作用。

师："名片上有什么？这些信息有什么用呢？"让幼儿知道名片上的信息可以向新认识的朋友介绍自己的名字、单位和联系方式，和新朋友保持联系等。

（2）师："既然名片有交往的功能，我们小朋友就可以通过名片尽快地认识别人，也让别人认识自己。我们也可以设计名片，但是名片上该有些什么呢？"（"有自己的名字、班级、兴趣、爱好、电话号码等"）

3. 设计自己的特色名片

（1）交代设计名片的要求：名字在最显眼的位置，还可以用数字写上自己的生日、家里的电话号码，可以添画花纹装饰自己的名片。

（2）幼儿制作名片，教师巡回指导。

4. 用名片介绍自己

（1）请个别幼儿在大家面前手拿名片逐项介绍自己。

（2）请全体幼儿手拿名片向边上的同伴逐项介绍自己。

5. 情境表演：入学第一天

请两名幼儿扮演小学生，在入学第一天，利用名片介绍自己，认识新的朋友。

活动延伸

鼓励幼儿继续设计制作有个性的名片，并向爸爸妈妈赠送名片和介绍名片。

专家评析

本节活动围绕"名片"这一社会常见的交往工具展开，通过欣赏各式各样的名片，引导幼儿讨论名片的组成部分、社会作用，了解到名片是一种人际交往的工具和手段；在活动中，教师引导幼儿了解自己以及自己所在班级的信息后，尝试进行名片设计，并在模拟的游戏中去验证自己的名片设计得是否合理、是否能起到促进人际交流的作用。尤其是进行幼小衔接的铺垫，让幼儿学习进入小学后向陌生的同学或教师介绍自己，拓展了幼儿人际交往方面的经验。

62. 我们的远足计划

设计教师：吴琳　评析专家：伍香平

幼儿园：湖北省武汉市实验幼儿园

设计意图

　　幼儿园每学期都有远足活动（春游、秋游或参观、调查等），对于大班幼儿来说，这是一件非常重要的事情。那么如何利用这一契机，引导幼儿展开深入全面的讨论并尝试制订计划，使幼儿在期待远足的日子里获得一些有助成长的生活经验呢？

　　本活动围绕远足计划书展开，首先教师为幼儿提供了一份计划书，作为给幼儿的某种提示与参考，然后引导幼儿讨论制订自己的计划书。幼儿制作计划书的过程不但是交流个体经验、完成任务的过程，更是幼儿提高合作能力的一个重要契机，因为计划书是几个小朋友共同完成的，涉及了幼儿之间的协商、分工、妥协、尊重。

活动目标

　　（1）能结合自己的生活经验，尝试安排自己的活动。

　　（2）经过分类、统计，利用符号、数字、图画、文字等制订远足计划书。

　　（3）能与同伴合作共同完成任务。

活动准备

　　（1）知识经验：幼儿有过外出游玩的经验。

　　（2）物质材料：白纸、彩色笔、油画棒，教师制订的远足计划书一份。

活动过程

1. 讨论教师提供的远足计划书

　　师："老师制订了一份去动物园的远足计划书，大家一起看看，看得懂吗？"

2. 讨论制订小朋友自己的远足计划书

（1）师："以往我们去旅游时总是爸爸妈妈为我们做准备，现在我们长大了，想不想自己制订一份远足计划书？"

（2）师："远足的时间、游览的内容，老师已经做了安排。现在，请大家想一想除了这些，我们还应该做些什么计划呢？"

（3）师："哪些是我们必须要带的？哪些东西是不适合带的？要带这么多东西，我们记不住怎么办呢？"（得出结论：用计划书的形式呈现）

（4）师："我们去远足是一次集体活动，那么大家认为我们应该遵守些什么规则呢？"（幼儿讨论规则）

（5）师："制作这样一份远足计划书听起来挺棒的，可是我估计做起来有点难，那我们是一个人做还是几个人一起做呢？该怎么分工呢？"（幼儿自由分成若干个小组）

3. 制作计划书

观察幼儿的分工情况：谁记录？谁交流？教师从旁给予适宜的引导。

4. 交流分享

每组派出代表交流自己小组记录与讨论的内容，其他幼儿可以补充或提问。（要求安静倾听、有序提问）

活动延伸

在本活动结束后到远足活动实施之前，可以把远足计划书放在活动区，让幼儿发表自己的意见，还可以邀请家长参与计划书的修改和完善。

专家评析

这是一节体现幼儿综合能力水平的活动课。在计划书的设计过程中，幼儿自己有思考，幼儿之间有讨论和争辩，最后大家体会到相互合作可以制订出更完善的计划来。制订计划的过程，就是幼儿的社会性获得发展的过程，也是幼儿积极主动地进行人际交往的过程。随着问题的协商解决，幼儿的交往能力、分工合作能力和解决问题的能力都得到一定程度的提高，自己的意见被采纳、被肯定的过程也是幼儿获得自信心的过程。

《纲要》指出:"可以引导幼儿安排自己的生活。"这里的生活不仅包括日常生活,也包括游戏生活。教师让幼儿设计远足计划书,有益于培养幼儿的独立自主性,而且教师有意识地引导幼儿通过小组合作来完善计划,也有利于培养幼儿的合作精神。

63. 我们去郊游

活动设计:梅乔妮　评析专家:伍香平

幼儿园:湖北省宜昌市直机关童欣幼儿园

设计意图

每年,我们幼儿园都会组织大班幼儿开展春游、秋游活动,幼儿们非常感兴趣。随着人民生活水平的日益提高,节假日家庭旅游的机会也日渐增多,但游玩前的准备工作基本都由家长承担了,幼儿参与的成分很少。因此,我们选择游玩准备这一主题,旨在通过本次活动,使幼儿能够学会根据郊游的实际情况,初步制订合理的购物计划,挑选适当、适量及必需的物品,进而教育幼儿在日常生活中学做力所能及的事情,考虑事情时尽量周全。

活动目标

(1)学习根据实际情况,初步为郊游制订合理的选物计划,并挑选合适的物品。

(2)学做力所能及的事情,感受自己准备郊游物品的快乐。

(3)体验同伴间的关爱之情。

活动准备

(1)知识经验:幼儿具备简单的郊游经验。

(2)物质材料:与幼儿人数相等的购物篮和书包;货柜和旅游所需的各类物品,如奶制品、饮料、水果、零食、糕饼等。

活动过程

1. 导入部分

师:"上次梅老师带你们去春游,你们高兴吗?你们都带了些什么东西?那些东西都是谁给你们准备的?告诉你们一个好消息,明天梅老师要带你们去郊游啦。想知道这次去什么地方吗?你们猜猜看。"

(1)教师介绍郊游的地点和时间安排。

(2)师:"这次我们不请爸爸妈妈帮忙,自己来准备郊游的物品好不好?"

(3)提出准备郊游物品的要求。

2. 尝试选物

(1)师:"今天我们就来做个选物游戏,请小朋友挑选自己最喜欢、最需要的物品,为郊游做准备,好吗?"

(2)幼儿尝试选物,教师主要观察幼儿选物的量是否合适。

(3)启发幼儿讨论。

①展示个别幼儿所选的物品,讨论带这些东西是否合适,为什么。

②小结:郊游时带的食物应当适量。带得太少不够吃,带得太多装不下,也背不动,玩起来也不方便。

(4)请幼儿将物品放回原货柜,自查或互查是否放对。

3. 第二次选物

(1)师:"在这次选物前,我们要先想一想带多少东西比较合适,哪些东西是必需的。"

(2)幼儿尝试选物,教师观察幼儿的选物情况,重点了解幼儿选物的数量、种类及他们的想法。

(3)出示一个物品种类相对较全的选物篮,引导幼儿讨论以下问题:

• 哪些物品是必需的?

• 餐巾纸有什么用?

• 为什么大家都要带饮料?哪种饮料比较解渴?

• 水果一定要带吗?为什么?

（4）请幼儿将物品放回原货柜，自查或互查是否放对。

4. 第三次选物

（1）师："看来旅游前的物品准备真不是一件简单的事情，一定要考虑周到。比如，带多少东西合适，什么东西是一定要带的，带什么东西是不合适的。最后还要想想好朋友喜欢吃什么。如果我们制订一个计划表，事情就会做得更快、更好。"

（2）请幼儿制订选物计划表。

（3）幼儿挑选物品，并互相介绍自己挑选的物品。

（4）小结：这次小朋友们做了计划以后，都选到了合适的物品，不多也不少。真不错！以后在做事情前，小朋友要先想一想，好好地计划一下。现在，我还要给小朋友布置一个任务，如果以后梅老师带你们到北京旅游，你们觉得还应该带些什么东西比较合适呢？回家后和爸爸、妈妈商量一下，自己做一个计划表交给梅老师，我要看看，谁考虑得比较仔细、周到。好吗？"

专家评析

这也是一节为幼儿外出郊游做准备的活动，但其重点放在准备的过程，着重引导幼儿认识外出旅行要带哪些必要的物品。在挑选物品的过程中，幼儿既回顾了自己的旅行经验，又在教师的引导下不断地进行自主判断和选择，并根据旅行的需要筛掉一些不必需的物品，幼儿的自主性隐含其中并获得发挥。

活动设计比较巧妙的地方在于，教师并没有一开始就告诉幼儿什么物品是必须带的，而是通过三次选择，层层深入，逐步引导幼儿理解并进行筛选，最后得到旅行中最需要带的物品，而且还引导幼儿进行领域经验的迁移，将科学领域的计划表设计运用到社会领域活动中来。幼儿在制订携带物品计划的过程中，也锻炼了规划的能力。

64. 遵守规则的小天使

设计教师：程晓丽 评析专家：伍香平
幼儿园：湖北省武汉大学幼儿园四分园

设计意图

"我的地盘我做主"是我班的区域游戏名称，它是我们大班小朋友最喜欢的游戏之一，因为在这个时间里他们可以自由地选择游戏、伙伴、材料。可是每当幼儿进行区域游戏时，都会出现争抢玩具、拥挤超员、材料乱放、贪恋游戏等不遵守游戏规则、乱而无序的情况，让教师头痛。孟子说："不以规矩，不能成方圆。"为此，我特设计了本活动，希望运用多种方法来增强幼儿的规则意识。

活动目标

（1）能在区域游戏中尝试制定规则、运用规则、遵守规则。

（2）初步学会自律。

活动准备

摄影机，勾线笔，蜡笔，剪刀，胶水，"天使小翅膀"卡片。

活动过程

1. 利用录像发现问题

将幼儿在区域游戏时争吵、拥挤等乱而无序的行为用摄影机记录下来，并播放给幼儿们看，让他们意识到不遵守规则带来的安全隐患。

2. 讨论区域游戏规则

引导幼儿说出在进行区域游戏时发现的问题，讨论应该遵守的规则。

3. 设计规则图标，图文并茂展现规则

将讨论出的规则画出来，由教师配上文字，张贴在区角中。

4. 评选"遵守规则小天使"

（1）通过教师、同伴推选，评选"遵守规则小天使"，鼓励、表扬在游戏中遵守规则的幼儿。

（2）为"遵守规则小天使"佩戴"天使小翅膀"卡。

专家评析

《纲要》指出，"在共同的生活和活动中，帮助幼儿理解行为规则的必要性，学习遵守规则"。这在区域游戏中显得尤为重要。本活动方案专门针对此来寻找切实有效的方法，着重培养幼儿的规则意识。

活动中，教师充分利用录像来引导幼儿自己发现问题，体现了对幼儿的尊重，引导幼儿独立自主地认识和了解规则的重要性也有利于幼儿的内省思考，让幼儿在判断对错中懂得不遵守规则带来的问题或安全隐患，自主地提出解决问题的好方法，比如："在拿区角牌时要排队"、"两人都想玩同种材料时可以商量谁先玩、谁后玩，或者两人用石头、剪刀、布决定谁先玩"等。教师还充分发挥幼儿的主体性，引导幼儿进行规则的讨论，由幼儿来商量制定区域游戏的规则。最后，为了更好地总结讨论得出的规则，采用由幼儿来设计规则并张贴到活动区域的方法，较好地提醒幼儿：自己制定的规则自己要遵守。而为"遵守规则小天使"颁发"小天使翅膀"卡，则能让幼儿充满自信，持之以恒，最终促进幼儿养成良好的行为习惯。

65. 多出来的小朋友

设计教师：方艳芬　评析专家：伍香平
幼儿园：湖北省应城市苗苗幼儿园

设计意图

户外游戏是幼儿在一日活动中最喜欢的活动。每天，幼儿都迫不及待地等着户外游戏时间的到来。户外是一个开阔的天地，也是一本很好的教科书。在每天的户外游戏中，幼儿之间相互合作玩游戏的机会很多。在一次户外接力绕圈赛跑游戏中，我发现有一个小组多出来一个小朋友，便问他们："多出来的小朋友怎么办？"原本我希望幼儿能学着换位思考，大家商量着轮流玩，但幼儿的回答出乎我的意料，所有的意见都是让多出来的这个小朋友从事比赛以外的活动。有的幼儿说让这个小朋友去休息；还有的幼儿说让这个小朋友独自玩一会儿别的玩具，下次再玩。我认为这是一次对幼儿进行社会性礼仪教育的契机，于是设计了这个活动。

活动目标

（1）让幼儿通过体验，关注别人的感受，学习换位思考。

（2）尝试通过协商解决游戏中出现的问题。

活动准备

作为道具的麦克风。

活动过程

1. 请幼儿尝试按不同的方法排队，感受成为"多出来的那个人"的心情

2. 采访"多出来的那个人"的感受

师："当宣布你是多出来的那个人时，你有什么感受？如果让你停止游戏去休息，你心里会怎么想？多出一个人的时候，小朋友们都说让他停止游戏，或去干别的事情，合适吗？"

小结：决定一件事时，要考虑到别人的想法与感受。

3. 引导幼儿尝试解决的办法

师："我们应该怎样解决问题？"

小结：可以和他商量，问他愿意干什么；让他当裁判；请他参加游戏，活动最重要的是参与；大家轮流玩儿。

专家评析

大班幼儿在进行人际交往的时候，不仅能进行人际间的沟通，更能通过人际交往来认识自己、了解他人，理解自己的行为会对自己和他人带来不同的影响。本节活动是教师发现户外游戏中的教育契机，进而生成的，通过提出问题"如果你是多出来的那个人，你会有什么感受"引导幼儿进行换位思考，继而引导幼儿采取积极的行动去解决这个问题，懂得与他人和睦相处、互相帮助。

万千教育 学前教育类书目

书号	书名	著、译者	定价(元)
幼儿园区域活动指导			
1935	幼儿园户外环境创设与活动指导（全彩）	董旭花 等 著	72.00
2103	幼儿园社会区材料设计与评价（四色）	王微丽 霍力岩 主编	60.00
1950	幼儿园科学区材料设计与评价（全彩）	王微丽 霍力岩 主编	60.00
1951	幼儿园生活区材料设计与评价（全彩）	王微丽 霍力岩 主编	60.00
1782	幼儿园数学区材料设计与评价（全彩）	王微丽 霍力岩 主编	60.00
1800	幼儿园语言区材料设计与评价（全彩）	王微丽 霍力岩 主编	60.00
2598	幼儿园艺术区材料设计与评价（全彩）	王微丽 霍力岩 主编	60.00
9613	幼儿园区域活动——环境创设与活动设计方法（全彩）	王微丽 主编	60.00
9149	小区域，大学问——幼儿园区域环境创设与活动指导	董旭花 等 著	30.00
9548	幼儿园创造性游戏区域活动指导（角色区·建构区·表演区）	董旭花 等 编著	32.00
9549	幼儿园自主性学习区域活动指导（生活操作区·美工区·益智区·科学区）	董旭花 等 编著	35.00
0156	幼儿园区域活动现场指导艺术——透视38个区域故事	董旭花 等 著	38.00
9134	如何有效实施幼儿园主题性区域活动	秦元东 等 著	24.00

7937	幼儿园科学区（室）——科学探索活动指导117例	董旭花　主编	28.00
幼儿园区域活动指导合计			679.00

幼儿园园所管理			
2102	破解幼儿园园长的50个管理难题	苏晓芬　等　著	48.00
1784	幼儿园危机管理策略与实例	周丛笑　等　编著	52.00
1596	幼儿园安全管理策略	张春炬　李芳　主编	42.00
0039	园本培训促进幼儿教师专业发展	晏红　著	32.00
9883	幼儿园教研活动设计与实施	莫源秋　著	32.00
9620	幼儿园保育员工作指南	伍香平　等　主编	20.00
9438	幼儿园园长的领导艺术	任民　李迎春　著	32.00
9006	幼儿园园长临场应变技巧50例	卢俊　著	20.00
9012	幼儿园园长易犯的80个错误	伍香平　主编	25.00
幼儿园园所管理合计			303.00

幼儿园教师专业成长指导			
2113	做会沟通的幼儿教师	胡剑红　等　主编	38.00
2236	幼儿园文案撰写规范与技巧	刘敏　等　著	52.00
2311	幼儿园探究性环境创设（四色）	康丹　等　译	48.00

……
欲了解更多图书信息，请登录：www.wqedu.com
联系地址：北京市西城区三里河路6号院2号楼213室　万千教育
咨询电话：010-65181109，65262933
*本目录定价如有错误或变动，以实际出书为准。